Uwe Schwinghammer

FREIZEIT IN TIROL
Die 100 schönsten Ausflugsziele
in Nordtirol

W0178870

Tyrolia-Verlag · Innsbruck-Wien

Vorwort

Wenn man auf Reisen geht, bereitet man sich vor, deckt sich mit Führern ein, stöbert im Internet. Einheimische am Urlaubsziel wundern sich dann oft, was Gäste alles entdecken, wo sie überall hinfinden. Dieses Buch richtet sich zwar an Gäste wie Einheimische gleichermaßen. Für die Zweitgenannten soll es aber ein kleiner Ansporn sein, sich auch einmal abseits der ausgetretenen Pfade zu bewegen, gewissermaßen zu Urlaubern im eigenen Land zu werden. Es gibt da unendlich viel zu entdecken. Diese Erfahrung habe ich selbst bei der Recherche dieses Buches gemacht. Früher habe ich mir eingebildet, Tirol und sein Freizeitangebot recht gut zu überblicken. Jetzt kenne ich es tatsächlich um vieles besser und dennoch sicher längst nicht vollständig.

In diesem Sinne ist auch dieses Buch „unvollständig". Zu viel gibt es noch zu entdecken, zu viel wird jedes Jahr neu geschaffen. Aber dieses Buch liefert, so hoffe ich, einen guten Überblick. Die Freizeittipps sind von Ost nach West und nach Bezirken angeordnet. Ich habe mich bemüht, das Land einigermaßen gleichmäßig abzudecken, wobei sich zugegebenermaßen ein leichter Schwerpunkt im Großraum Innsbruck ergibt. Unter den Tipps finden sich leichte Wanderungen ebenso wie Museumsbesuche, Angebote für Kinder genauso wie Anlagen für ältere Semester. Es sind „Pflicht-Ausflugsziele" dabei, aber auch einige Punkte, die man vielleicht erst auf den zweiten oder dritten Blick entdeckt.

Ausflüge, speziell mit einer ganzen Familie, gehen rasch ins Geld. Bei der Zusammenstellung der Ziele habe ich daher darauf geachtet, dass keine Eintrittspreise über 20 Euro pro Erwachsenem dabei sind. Ein hoher Anteil des ausgewählten Angebotes ist überhaupt kostenlos – Anreise und Seilbahnen/Lifte nicht eingerechnet.

Apropos Anreise: Wo immer es möglich ist, ein Ziel mit öffentlichen Verkehrsmitteln zu erreichen, steht dies bei den Tipps dabei. In manchen Tälern ist das noch nicht ganz einfach und es bedarf einiger Planung, aber unmöglich ist es nicht. Und das Schöne: In der Freizeit sollte es hoffentlich keine Rolle spielen, ob ein Bus einmal eine halbe Stunde früher oder später fährt. Eine gewisse Verlangsamung kann durchaus erholsam sein. Ich habe es selbst im letzten Sommer bei meinen Recherchefahrten ausprobiert.

Ihnen wünsche ich viel Freude beim Erleben der 100 schönsten Freizeittipps in Nordtirol.

Uwe Schwinghammer

INHALT

Bezirk Schwaz   68

Schwaz   90

Bezirke Innsbruck und Innsbruck-Land   98

Hall   104

Innsbruck   142

Naturpark Karwendel   174

Bezirk Imst   178

Bezirk Kitzbühel

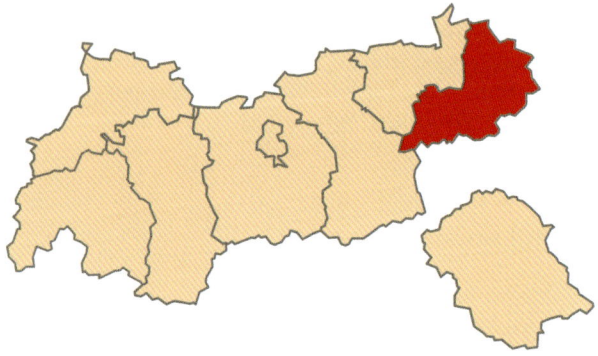

Der Bezirk umfasst das Brixen-, das Leuken- und das Pillerseetal. Topographisch ist er großteils durch eher sanfte Grasberge gekennzeichnet. Wobei die Kulisse des Wilden Kaisers den prächtigen Kontrast dazu bietet. Der Topographie entsprechend ist der Bezirk im Winter nahezu ein einziges, riesiges Skigebiet. Aber diese Berge sind im Sommer natürlich auch ideal zum Wandern und vor allem zum Mountainbiken. Mit neun Plätzen ist die Gegend auch eine bekannte Golfregion.

Die einzige Stadt des Bezirkes ist Kitzbühel (siehe S. 16/17), die einwohnerstärkste Gemeinde ist jedoch das benachbarte **St. Johann**. Das Krankenhaus des Bezirkes befindet sich ebenso dort wie etliche Schulstandorte und eine Kaserne, aber auch zahlreiche Industrie- und Gewerbebetriebe. Das Zentrum von St. Johann ist Fußgängerzone und bietet einen netten Hauptplatz, dessen Häuser beinahe alle mit Lüftlmalerei verziert sind. Besonders sehenswert ist das Postgebäude. Zahlreiche Lokale laden zur Einkehr. Darunter das Gasthaus „Zum Dampfl", das im Charme der 1950er-Jahre restauriert wurde. Oder die „Post", ein modernes Hotel hinter alter Fassade. Nicht weit gelegen ist auch der Bierturm des „Huberbräu", in dessen obersten zwei Etagen sich das Turmstüberl befindet. Bei gutem Bier hat man dort einen wunderbaren Überblick über den Ort. Ähnlich hoch sind nur die Türme der sehr schönen, frühbarocken Dekanats-Pfarrkirche. Vermutlich gab es bereits eine romanische Kirche zuvor, von dieser gibt es aber nur wenige Zeugnisse und Spuren. Gleich hinter der Kirche befinden sich das **St. Johanner Heimatmuseum** (Führungen

Der Blick auf den Wilden Kaiser bestimmt das Landschaftsbild rund um Kitzbühel.

auf Anfrage, Tel.: 0043 (0) 5352/69 00 213, E-Mail: info@museum1.at) und der Friedhof.

Östlich von St. Johann beginnt die **Region Pillerseetal** mit den Gemeinden Fieberbrunn, Hochfilzen, St. Ulrich, St. Jakob in Haus und Waidring. Das Tal, das sich zwischen Waidring und Fieberbrunn von Nord nach Süd erstreckt, ist besonders romantisch. **Drei Badeseen** gibt es in der Region, aber auch den **Erlebnispark „Familienland"** in **St. Jakob in Haus** (www.freizeitpark.tirol). Eine Besonderheit im Erlebnispark ist die Totes-Meer-Salzgrotte: 40.000 Kilo Salz vom Toten Meer verteilen sich über die Wände und Böden der beiden Grotten und schaffen so ein eigenes Mikroklima, das besonders gut bei Allergien und Hauterkrankungen ist. Markantes Wahrzeichen des Pillerseetales ist inzwischen das **Jakobskreuz** auf der Buchensteinwand (Tipp Nr. 1).

Von Kitzbühel nach Westen erstreckt sich das **Brixental**. Der auffallendste Berg des Tales ist die **Hohe Salve** (1829 m), die wegen ihrer Ähnlichkeit mit dem Schweizer Vorbild auch „Rigi Tirols" genannt wird. Auf ihr steht die höchste Wallfahrtskirche Österreichs, das Salvenkirchlein. Es existiert seit 1589. Auch der beliebte **Kinder-Erlebnispark „Hexenwasser"** (Tipp Nr. 17) befindet sich im Bereich der Hohen Salve. Für Robin Hoods gibt es im Brixental vier anspruchsvolle **Bogenparcours**: in Kirchberg und Westendorf. Nach Süden gehen vom Brixental zahlreiche kleinere Täler weg, die teils sehr einsam sind: das **Windautal** zum Beispiel oder das **Spertental**.

Dreidimensional: das Jakobskreuz auf der Buchensteinwand

Egal, von welcher Seite man sich der Buchensteinwand nähert, man sieht immer ein Kreuz auf dem Gipfel – und zwar ein überdimensionales. Seit 2014 steht es auf dem markanten Aussichtsberg in 1456 Metern Höhe.

Das mit Holzschindeln verkleidete, **begehbare Doppelkreuz** – daher erscheint es von allen Seiten als Kreuz – ist beinahe 30 Meter hoch. Der Name geht auf den Jakobsweg zurück, der durch das Pillerseetal verläuft. Erklimmen kann man das Jakobskreuz – nach dem Passieren der Schranke – entweder über Stufen oder mit einem Aufzug. Auf den vier Ebenen befinden sich Räume für Seminare und wechselnde Ausstellungen, man kann sich aber auch einfach auf einen Stuhl setzen und durch eine der großen Panoramascheiben die Bergwelt draußen betrachten.

Der Blick schweift hinüber zum Wilden Kaiser oder auf der anderen Seite in Richtung Leoganger Steinberge, zum Kitzbüheler Horn oder gegenüberliegend auf die Waidringer Steinplatte, je nachdem, wo man seinen Sitz gewählt hat. Den **360-Grad-Rundumblick** hat man dann auf der **Freiluft-Plattform**. Und der reicht weit, an schönen Tagen bis zum Großglockner und weiter.

Wem nach so viel Aussicht nach etwas mehr Bodenhaftung ist, der kann einen kleinen **Rundgang** durch den **Alpenblumengarten** machen, der unmittelbar hinter dem Kreuz beginnt. Auf kleinen Täfelchen sind die Pflanzen beschrieben, die hier wachsen. Aber Vorsicht: Die Buchensteinwand heißt nicht umsonst so. Zuweilen geht es sehr unverhofft in die Tiefe, und es ist rasch vorbei mit der Bodenhaftung.

Für die Kinder gibt es selbstverständlich auch einen **Spielplatz** und für den Hunger das **Bergrestaurant** „Das Weitblick".

▶ Anfahrt

Mit ÖBB bis Fieberbrunn und weiter mit dem Bus 8302 oder mit dem Pkw über St. Johann i. T. nach St. Ulrich im Pillerseetal zur Talstation der Bergbahn (Buchenstein 1, 6393 St. Ulrich).

▶ Auffahrt

Mit dem Lift oder ideal auf sehr schönen Wegen mit dem (E-)Bike. Für Liftfahrt und Kreuz gibt es Kombitickets. Eintrittskarten für das Jakobskreuz sind auch beim Bergrestaurant erhältlich. https://www.bergbahn-pillersee.com/de/jakobskreuz

Wo die Ö-Tour Spitze ist: Kitzbüheler Horn

▶ Anfahrt

Mit dem Pkw über St. Johann, 2 km vor dem Zentrum von Kitzbühel links abzweigen und unter der Bahn durch. Hier beginnt die Panoramastraße, Maut ist erst ungefähr ab halber Höhe zu zahlen. Ein Teil der Maut wird bei einer Konsumation im Alpenhaus vergütet. Die Mautstraße ist geöffnet von Ende Mai bis Anfang November (je nach Schneelage). www.alpenhaus. at/anfahrtpanoramastrasse.html

Egal ob von Kitzbühel oder St. Johann aus, das Kitzbüheler Horn mit dem markanten Sendemasten dominiert die Landschaft. Und nichts ist atemberaubender, als an einem klaren Herbsttag von dort oben das Panorama zu genießen: Watzmann, Glockner, Großvenediger …

Bis direkt auf den Gipfel führt nur die Seilbahn von Kitzbüheler Seite. Bei allen anderen Liften, egal ob von St. Johann oder Kitzbühel aus, muss man sich den Berg erwandern. Auch die Mautstraße von Kitzbühel aus führt nur bis zum Alpenhaus. Die letzten rund 300 Höhenmeter geht es nur mehr zu Fuß oder mit dem Fahrrad weiter. Wer mit dem Rad von ganz unten wegfährt, der kann überhaupt in richtige Österreich-Radrundfahrt-Stimmung kommen, schließlich ist der Berg seit 2000 fast jedes Jahr fixer und oft auch höchster Punkt der Tour. Ordentlich Kraft in den Beinen oder ein gut geladener Akku sind natürlich Voraussetzung.

Auch der Aufstieg über den **Alpengarten** lohnt sich, nicht nur für Blumenfreunde. Nichts toppt allerdings den Ausblick vom Gipfel. Unter sich hat man die Häuser von St. Johann wie bei einer Spielzeugeisenbahn-Landschaft liegen, den Wilden Kaiser, die Loferer und Leoganger Steinberge direkt vor der Nase, im Norden blitzt ein kleines Stückchen Chiemsee hervor, im Süden präsentieren sich glänzend die Hohen Tauern. Und das Ganze vielleicht bei **Kaffee und Kuchen** von der Terrasse des Gipfelhauses aus.

Für Wissensdurstige: Auch unterhalb des Alpenhauses gibt es Interessantes zu entdecken. Nach einem kurzen Abstieg über die Straße kommt man zur Trattalm. Dort beginnt der **Karstweg.** In 17 Stationen wird einem die Eigenheit eines Karstgebirges erklärt: Wasser verschwindet einfach und kommt einige hundert Meter weiter unten wieder aus dem Felsen hervor, Berge brechen auseinander … Höhepunkt des nett und ausgesprochen mäandernd angelegten Weges ist die „**Weanerstadt**": Hunderte bizarre kleine Felsen ragen hier aus dem Almboden und bilden eine steinerne Stadt. Von dort geht es dann wieder zurück zum Alpenhaus. Bei vielen Stationen stehen auch Bänke, die zur Rast oder zum näheren Studium des jeweiligen geologischen Phänomens einladen.

Tipp: Bei der Begehung des Karstweges unbedingt die Nummerierung bzw. Richtung einhalten, sonst hat man den Höhepunkt „Weanerstadt" schon ganz am Beginn und am Ende außerdem einen steileren Anstieg zurück zum Alpenhaus.

▶ Für bewegungshungrige Kinder besonders schön: Auf dem Weg vom Alpenhaus zum Horngipfel sind mehrere Kletterwiesen oder Mini-Klettergärten eingerichtet. Dort können sie sich spielerisch an das Kraxeln im Fels und das Begehen eines Klettersteiges herantasten.

Der Sender ist Wahrzeichen des Kitzbüheler Hornes.

Badesee und Naturschutz-gebiet: Schwarzsee

Mit der Bahn bis ÖBB-Halte-stelle Kitzbühel Schwarzsee bzw. Bus 4006 (ab Kitzbühel). Mit dem Pkw über A 12, Aus-fahrt Wörgl, weiter über das Brixental. Der See liegt vor dem Ortsbeginn von Kitzbühel links der Bundesstraße. Kostenlose Parkplätze vorhanden. Öff-nungszeiten Stadtbad Schwarz-see (Am See 5, 6370 Kitzbü-hel): Anfang Juni bis Anfang September, täglich von 8.00 bis 19.30 Uhr. www.kitzbuehel.eu

Am Schwarzsee bei Kitzbühel hat man Natur-schutz und Naturnutz gut unter einen Hut ge-bracht. Dementsprechend ist ein Sprung ins dunkle **Moorwasser mit Heilwirkung** genauso schön wie ein Spaziergang um den See.

Für Leckermäuler und Wasserratten: Am südlichen Teil des Sees liegt die **Badeanstalt**, de-ren schönes, hölzernes Gebäude völlig aus der Zeit gefallen scheint. So hat wohl Sommerfrische zwischen den beiden Weltkriegen ausgesehen. Daneben befindet sich ein gemütliches italieni-sches Café, in dem es ganz **großartige Torten** gibt. Daran schließen sich die Liegewiesen und Badestege sowie ein **Spielplatz** für Kinder und **Wasserrutschen** an. Auch Elektroboote gibt es auszuleihen. Mit rund 27 Grad im Sommer ist der Schwarzsee einer der wärmsten Seen in Tirol.

Durchs Moor spazieren: Geht man durch das Freibad, passiert man nach einer Weile ein Tor. Hier beginnt das **Naturschutzgebiet „Moor am Schwarzsee"**. Vor rund 12.000 Jahren war die Wasserfläche des Schwarzsees ungefähr dreimal so groß wie heute. Durch Verlandung entstand über Jahrtausende das Moor, das heute den See umgibt. Solch ein Moor ist Lebensraum für ganz spezielle Pflanzen, die mit den besonderen Bedingungen gut zurechtkommen. Etwa der Sonnentau, eine fleischfressende Pflanze. Wer bei einem Spaziergang auf dem Steg durchs Moor die Augen offen hält, der wird die eine oder andere botanische Besonderheit entdecken, die auf **Schautafeln** beschrieben sind. Charakteristisch für das Moor am Schwarzsee sind auch kleine Gruppen von Birken, von denen so manche freilich dem Biber zum Opfer gefallen ist, der mangels Bäumen aus Weichholz auch dieses Hartholz anknabbert und fällt.

Wem die Naturschönheit allein noch nicht reicht, der kann sich am Seeufer auch noch in den **Kitzbüheler Farbmeditationsweg** vertiefen. Die Künstlergilde hat Bilder in verschiedenen Farben entlang des Weges aufgestellt. Darunter wird die Farbwirkung und -bedeutung erklärt.

▶ **Für die Umrundung des Sees** braucht man zu Fuß etwa 45 Minuten. Es gibt mehrere Einkehrmöglichkeiten.

▶ **Tipp**
Nur ein kleines Stück nördlich vom Schwarzsee befindet sich der **Gieringer Weiher** (www.waldbad.me), der noch um ein ganzes Stück idyllischer liegt – sofern das überhaupt noch möglich ist.

Stege führen durch das Moor des Schwarzsees.

Kitzbühel

Kitzbühel hat den Ruf eines mondänen Wintersportortes, wo Reich und Schön zuhause sind. Aber das ist selbstverständlich nur ein Teil der Wahrheit. Wenn man von den wenigen Wochen im Jahr rund um die Hahnenkammrennen absieht, ist Kitzbühel mit seinen etwas mehr als 8000 Einwohnern eine ausgesprochen gemütliche Stadt.

Besiedelt ist die Gegend an der Kitzbüheler Ache im Leukental schon seit der späten Bronzezeit. Die Illyrer bauten damals Kupfer ab. Das **Schaubergwerk Kupferplatte** (www.kupferplatte.at/de/) bei Jochberg erzählt noch heute von der Jahrtausende währenden Geschichte des Bergbaus.

1178 wurde der Name Kitzbühel erstmals in einer Urkunde erwähnt. Wie nahezu das gesamte Unterland war Kitzbühel damals bayerisch. Von Kriegen blieb der Ort im Lauf der Jahrhunderte weitestgehend verschont. Selbst im Zweiten Weltkrieg fielen kaum Bomben auf Kitzbühel.

Wie in so vielen Gegenden brachte die Bahn 1875 etwas mehr Wohlstand. Um die Jahrhundertwende gehörte der Ort zu den Vorreitern im **Skilauf**. Einer der Pioniere war Franz Reisch. Er bestieg 1893 als Erster mit Schneeschuhen, wie die Skier damals noch hießen, das **Kitzbüheler Horn**. Nach der Abfahrt soll er zu einem Freund gesagt haben: „Ich muss dir jetzt eine herunterhauen, so schön war das." Ob er's getan

Schaubergwerk Kupferplatte.

hat? Reisch ließ auch den ersten Weg aufs Horn bauen und brachte Curling, Eishockey und auch den Bobsport nach „Kitz". Der Grundstein für die Skimetropole Kitzbühel war gelegt. Das erste **Hahnenkamm-Rennen** 1931 erlebte Reisch nicht mehr. Er starb 1920 bei einer Skitour an einem Herzinfarkt.

Die Kitzbüheler Kirchen waren – meist im Hintergrund einer Schneelandschaft – ein Lieblingsmotiv des

Pfarr- und Liebfrauenkirche bestimmen das Stadtbild – und natürlich der „Kaiser".

Malers **Alfons Walde**, dem ein Stockwerk im **Heimatmuseum** (Tipp Nr. 4) gewidmet ist. Da ist einerseits der markante Turm der **Liebfrauenkirche**, andererseits die **Pfarrkirche** zum heiligen Andreas und nicht zuletzt die **Katharinenkirche**. Alle stammen aus dem 13. und 14. Jahrhundert. Und alle sind im Zentrum fußläufig in wenigen Minuten zu erreichen. Wie überhaupt der Stadtkern von Kitzbühel mit seinen Lokalen und noblen Geschäften sehr kompakt ist. Selbst zum Zielgelände der berühmten „Streif" sind es nur wenige Minuten Fußweg.
Bekannt ist die Gegend um Kitzbühel auch für ihre vielen **Golfplätze**. Der Golfclub Kitzbühel liegt nur wenige Fahrminuten vom Zentrum entfernt, einige andere nicht viel weiter. Ebenso die Tennis-Arena, wo jeden Sommer das Generali Open ausgetragen wird. Die **Hahnenkammbahn** erreicht man vom Zentrum aus ebenfalls in wenigen Minuten zu Fuß oder mit dem Wagen. Die **Hornbahn** liegt östlich des Zentrums gleich beim Bahnhof.
Beliebt zum Spazierengehen und „Häuser-Schauen" ist die Gegend um den **Lebenberg** mit einigen der besten und teuersten Lagen von Kitzbühel.

Eine Symbiose:
Museum Kitzbühel, Sammlung Alfons Walde

▶ **Anfahrt**

Mit ÖBB bis Kitzbühel Bahnhof oder mit dem Pkw über die A 12, Ausfahrt Wörgl Ost, Weiterfahrt über das Brixental oder St. Johann. Kostenpflichtige Parkmöglichkeiten im Zentrum von Kitzbühel.

Der Name des Künstlers Alfons Walde (1891–1958) ist untrennbar mit Kitzbühel verbunden. Die Stadt und er gingen eine symbiotische Verbindung ein. Noch heute sind seine Spuren allgegenwärtig. Nicht nur in der Sammlung Alfons Walde im Kitzbüheler Stadtmuseum.

Aus der Geschichte: Geboren wurde Alfons Walde eigentlich in Oberndorf, das damals ein Ortsteil von St. Johann war. Doch bald siedelte die Familie – der Vater war Lehrer – nach Kitzbühel, und dieser Stadt blieb Walde sein Leben lang treu. Auch wenn er sie aus verschiedenen Gründen mehrfach verließ, kehrte er doch immer wieder dorthin zurück.

Seine Wintersportbilder prägten Jahrzehnte das Image von Kitzbühel, ja ganz Tirols: künstlerisch, auf der Leinwand, aber auch auf Plakaten. Sportliche Gestalten mit aufgekrempelten Ärmeln, braun gebrannt, kantige, im Schatten liegende Gesichter. Im Hintergrund die Skispur, Häuser oder die Kirchtürme von Kitzbühel. Aber auch das Logo, die berühmte Gams, und der Kitzbühel-Schriftzug stammen von Walde. Ebenso wie die Entwürfe für ein Bergstations-Hotel am Hahnenkamm. Und selbst die Kleidung der Kitzbüheler Skilehrer, der „Roten Teufel", designte er. Lange Zeit weniger bekannt war seine „erotische Seite": Er malte auch Aktgemälde mit Lokalkolorit, etwa „Badende am Schwarzsee". Aufsehen erregte 2014 die Ausstellung „Schaulust" mit längst vergessenen Farb-Nacktfotos, die Walde in den 1930er-Jahren geschossen hatte.

Während der NS-Zeit wurde Walde kurzzeitig inhaftiert und stand danach unter Beobachtung. 1956 erhielt er die Professorenwürde verliehen, zwei Jahre später verstarb er an einem Herzinfarkt.

In der **Sammlung Walde** im Museum Kitzbühel werden **60 Gemälde** und über **100 Grafiken**, hauptsächlich aus dem Besitz der Familie Walde-Berger, gezeigt. Gemeinsam mit Fotos, Autografen und Entwürfen bringen sie einem den Menschen, Verleger und Künstler näher.

Daneben zeigt das modern gestaltete Stadtmuseum, das im Herbst 2019 umgebaut wurde, auch die **Geschichte von Wintersport und Sommerfrische** in Kitzbühel und Umgebung sowie die Geschichte der Stadt. Besonders faszinierend sind dabei Funde aus der Bronzezeit, die den langen Zeitraum belegen, über den das Leukental bereits besiedelt ist. Und schließlich hat man von der **Dachterrasse** einen wunderbaren Blick über die Dächer von Kitzbühel.

▶ Öffnungszeiten
Museum Kitzbühel (Hinterstadt 32, 6370 Kitzbühel): Dienstag bis Freitag von 10.00 bis 13.00 Uhr, samstags von 10.00 bis 17.00 Uhr.
www.museum-kitzbuehel.at

Skifahrer sind oft ein Motiv von Alfons Walde.

Ab in die Mausefalle: Sommererlebnis Streif

▶ **Anfahrt**
Mit ÖBB bis Kitzbühel, Haltestelle Kitzbühel-Hahnenkamm, oder mit Bus 4051 (ab Wörgl). Mit dem Pkw über A 12, Ausfahrt Wörgl Ost, weiter über das Brixental oder über St. Johann. Erreichbar ist das Sommererlebnis Streif entweder mit der Hahnenkammbahn (Hahnenkammstraße 1, 6370 Kitzbühel) von Kitzbühel aus oder mit der Fleckalmbahn von Kirchberg/Klausen (direkt neben der Bundesstraße).

Nicht zu weit springt er die Hausbergkante hinunter, schafft die Traverse in Ideallinie. Im Zielschuss beschleunigt er auf über 150 km/h und fährt mit neuer Bestzeit über die Ziellinie. Vor 35.000 jubelnden Fans wirft er die Skier jubelnd in die Luft. Das ist die legendäre Kitzbüheler Streif. Bilder, wie wir sie jeden Winter Ende Jänner im Fernsehen erleben.

Für Kinder wurde im Sommer 2019 eine **Mini-Streif** gebaut. Wobei die Kleinen keine Skier anschnallen müssen, denn die Spielgeräte wurden den Schlüsselstellen der berühmten Abfahrt angepasst.

Los geht es also, durch die graue Tunnelrutsche kommen sie aus dem Starthaus geschossen. Dann kommt auch schon die gefürchtete Mausefalle: da ist Balance gefragt. Die aufgestellten Hindernisse wackeln nämlich ganz schön. Weiter geht es durch das Karussell in den Steilhang. Da ist es tatsächlich steil, darum klettern die Kids auch über ein Netz den Hang hinunter. Es folgt der Brückenschuss, eine Hängebrücke natürlich. Der Seidlalmsprung besteht aus den hölzernen Buchstaben Streif, auf denen herumgeturnt werden kann. Und irgendwann kommt dann der Zielsprung, über eine letzte Rutsche geht es ins Ziel. Die Zeit? In 1:51,18 Minuten wie 1997 Rekordhalter Fritz Strobl geht sich das natürlich nicht aus. Da können schon halbe Stunden oder Stunden vergehen.

Insgesamt sind **neun Aktivstationen** auf einer Länge von zwei Kilometern und 100 Metern Höhenunterschied eingebaut. Sie tragen die Namen der Schlüsselstellen der Abfahrtsstrecke. Mit dem kleinen Unterschied, dass jene 3,3 Kilometer lang ist bei einem Höhenunterschied von 860 Metern. Damit interessierte Kinder auch alles mitbekommen, was es über die echte Streif so zu wissen gibt, wurde ein kleines Heftchen aufgelegt, in dem das Sommer- mit dem Wintererlebnis verglichen wird. Erzählt wird die Geschichte von Gerli, der Gams.

▶ **Öffnungszeiten**
An den Mai-Wochenenden sowie ab Ende Mai bis Anfang November täglich von 8.30 bis 17.00 Uhr. www.kitzbuehel.com/kitz-365/sommererlebnis-streif/

Die Streif können Kinder auch erklettern.

Hochprozentige Führung: Schaubrennerei Erber

▶ **Anfahrt**

Mit ÖBB bis Bahnhof Brixen im Thale oder mit Bus 4051 (ab Wörgl bzw. Kitzbühel). Schaubrennerei Erber, Dorfstr. 57, 6364 Brixen im Thale.

Egal, ob vermeintliche Medizin nach zu fettem Essen oder einfach Genuss: Schnaps ist Teil der Tiroler Tradition. Zu denen, die diese Tradition in die weite Welt hinaustragen, gehört die Brennerei Erber in Brixen im Thale, die bei internationalen Bewerben für ihre Schnäpse, Brände und Liköre immer wieder Preise gewinnt. In der Schaubrennerei im Brennhäusl kann man dem Brennmeister ein bisschen über die Schulter schauen.

Die Brennerei Erber ist die **älteste Kupferkesselbrennerei** in Tirol, gegründet 1651. Damals erhielt die Familie das Brennrecht und übt es bis heute aus. Eine **Besichtigung** der Brennerei ist nur mit einer **Führung** möglich. Bei dieser sieht man einen Film über das Unternehmen und erfährt bei einem Blick in die Brennerei im Keller allerlei Wissenswertes über die Früchte, wie sie zu Maische werden, die zwei Brenndurchgänge und warum man den Vorlauf – die Flüssigkeit, die ganz zu Beginn aus der Brennblase kommt – keinesfalls trinken darf.

▶ **Öffnungszeiten Brennhäusl:** Montag bis Freitag von 9.00 bis 18.00 Uhr, samstags von 9.00 bis 17.00 Uhr. Führungen dienstags und freitags um 9.30 und 16.00 Uhr. Führungen für Gruppen ab 15 Personen jederzeit nach Vereinbarung. www.erber-edelbrand.com

Zum Reifen lagern manche Schnäpse in Holzfässern.

Der kleine Rundgang endet an der Bar, wo man Schnaps, Gin, Likör und Geist auch **verkosten** kann. Es empfiehlt sich also, nicht mit dem eigenen Wagen zu kommen!

Nach der Führung kann man Hochprozentiges verkosten.

Unter den wilden Nordwänden: Erlebnis Kaiserbachtal

▶ Anfahrt

Mit Pkw über A 12, Ausfahrt Kufstein Nord, weiter über Kössen nach Schwendt bis Griesenau. Hier abzweigen in das Kaiserbachtal. Oder von St. Johann über die Huberhöhe.

▶ Öffnungszeiten

Die Mautstraße ist geöffnet von etwa Anfang März bis Ende November (nach Schneelage variierend). Das Stripsenjochhaus ist von Mitte Mai bis Mitte Oktober geöffnet. www.stripsenjoch.at

Das Kaiserbachtal ist nicht ganz so bekannt wie das straßenlose Kaisertal, aber nicht minder besuchenswert. Eine Mautstraße führt bequem bis in den spektakulären Talschluss am Fuße der beeindruckenden Nordwände des Wilden Kaisers. Das Kaiserbachtal führt von Griesenau 5,5 Kilometer weit nach Westen und liegt im **Naturschutzgebiet Kaisergebirge**. Die Mautstraße in das Tal ist bestens ausgebaut und führt durch einen herrlichen Mischwald, **zwei Ausflugsgasthäuser**, die Fischbach- und die Griesner Alm, warten auf ihre Gäste. Auf der Griesner Alm endet die Straße, hier befindet sich ein großer Parkplatz für Wanderer, Bergsteiger und Kletterer. Von dort bieten sich mehrere Möglichkeiten zum Wandern an.

Zwischen den beiden Almen führt ein 2,2 Kilometer langer **Erlebnisweg** am Kaiserbach entlang. Auf acht Stationen kann man Ziegen suchen, auf einem Regenwurm balancieren, man findet einen Dialektbaum und vieles mehr. Die Leitfiguren des Weges, der sich insbesondere an die jüngsten Besucher richtet, ist eine modernisierte Sage vom „Schnackler" und vom „Koasabacher". Sie will den Kinder die Wichtigkeit von Naturliebe, Freundschaft und Hilfsbereitschaft näherbringen.

Weitere Wandermöglichkeiten: Wer Lust hat, dem „Kaiser" noch näher zu rücken, findet mit dem **Stripsenjoch**, kurz „Strips" genannt, das am leichtesten und schnellsten erreichbare Ziel. Der Weg dorthin führt in Serpentinen durch einen Mischwald, öffnet sich dann zum Kessel des Wildangers, ehe einen ein letzter Aufschwung zum Stripsenjoch und weiter zur gleichnamigen **Schutzhütte** führt. In eineinhalb Stunden ist das gut zu schaffen.

Am Joch steht man dann unter den abweisenden Nordwänden von Bergen mit schaurigen Namen: Totenkirchl, Fleischbank, Predigtstuhl, Beichtstuhl. Hier wurde (und wird) Alpingeschichte geschrieben. Schaut man freilich Richtung Westen, sieht man hinüber nach Kufstein, ins Rofan und Karwendel und sogar bis zur Zugspitze. Oder man lässt den Blick nach Norden ins liebliche Alpenvorland nach Bayern schweifen.

Wer noch eine Dreiviertelstunde draufgeben möchte und einen Weg mit ein paar Seilversicherungen nicht scheut, der ist rasch auf dem **Stripsenkopf**, wo 1914 ein hübscher **Pavillon** errichtet und vor ein paar Jahren liebevoll restauriert wurde. Das Besondere daran: Es gibt vier Kojen im Pavillon, man sitzt dort nahezu ungestört von den Nachbarn. Einen besseren **Rundblick** an einem netteren Plätzchen kann man sich nicht wünschen.

▶ Tipp
Auf halber Strecke des Erlebniswegs liegt die **Latschenbrennerei** Hofmann-Lehnert, die bereits in vierter Generation betrieben wird. Durch Wasserdampfdestillation gewinnt man dort aus den dünnen Zweigen, Nadeln und Zapfen der Pflanze das Latschenöl. Dem ätherischen Öl werden vielerlei heilende Wirkungen nachgesagt.

Von Stripsenjochhaus und Stripsenkopf blickt man auf die schroffen Felsmauern des Totenkirchls.

Dinos statt Kühe: Triassic Park

▶ Anfahrt
Mit ÖBB bis Kitzbühel Bahnhof, weiter mit Bus 4012 nach Waidring. Anfahrt mit dem Pkw über die A 12, Ausfahrt Wörgl Ost. Weiterfahrt über St. Johann bis Waidring. Auffahrt auf die Steinplatte mit der Seilbahn oder über die Mautstraße.

▶ Öffnungszeiten
Triassic Park (Alpegg 10, 6384 Waidring): Anfang Juni bis Anfang Oktober täglich von 9.00 bis 16.30 Uhr. www.triassicpark.at

▶ Hinweis
Das Gelände ist frei zugänglich und überwiegend kinderwagentauglich.

Stegosaurus, Tyrannosaurus, Triceratops … Kinder – vor allem Buben – lieben Dinosaurier. Auch wenn diese mit ihren riesigen Zähnen und Klauen, Schwänzen und Kämmen ja eigentlich ziemlich furchterregende Wesen waren. Aber vielleicht hilft dabei das Wissen, dass sie längst ausgestorben sind. Aber sind sie das wirklich? Kommt man auf die **Waidringer Steinplatte**, dann könnte man meinen, diese riesigen Urbewohner der Erde sind noch unter uns. Beinahe hinter jeder Latsche scheint ein solches Vieh zu stehen. Aber man ist mit der Gondel ja auch im **Triassic Park** gelandet. Der Park besteht aus mehreren Teilen, das Generalthema, das sich durchzieht, sind – erraten – **Dinosaurier**. Dabei ist es aber mehr als nur ein Werbegag, um einen Spielplatz besser verkaufen zu können. Hier lernen Kinder tatsächlich eine Menge über die Zeit, in der die Dinos lebten.
Pädagogisch am wertvollsten ist ein Besuch des **Triassic Center**, eine Art **Erlebnismuseum für Kinder**. Sie können dabei herausfinden, wie es im Urmeer Tethys, unter dem sich vor 200 Millionen Jahren auch die Waidringer Steinplatte

befand, ausgesehen hat. Sie machen einen Tauchgang, schlüpfen in Tiefseetaucher-Anzüge, wandern durch einen Haischutz-Käfig. Selbstverständlich finden sich auch Korallen am Meeresgrund. Und dabei werden immer wieder Fakten eingestreut, ohne die Kinder zu überfordern. Schließlich soll ja die Neugierde geweckt und keine Schulstunde abgehalten werden. Auch ein Kino gibt es im Center.

Das Thema setzt sich in den anderen Bereichen des Parks fort. So gibt es einen **Triassic Beach**, der mehr ist als eine große Sandkiste. Graben die Kinder nämlich etwas tiefer, stoßen sie auf ein Dinosaurier-Skelett. Oder sie entdecken Fossilien und Edelsteine im Sand. Aber es gibt auch Elemente wie auf jedem anderen **Spielplatz**: Kletterwand, Rutsche, eine Seilrutsche, Balken zum Balancieren etc. Und wo ein Beach ist, da ist natürlich auch das Meer – oder in diesem Fall ein kleiner See – nicht weit. Dort können sich die Kinder mit einem Seilfloß von einer Seite zur anderen ziehen.

Der **Triassic Trail** wiederum ist ein vier Kilometer langer Rundweg, auf dem sich lebensgroße Nachbildungen der diversen Dinosaurier finden. Auch hier stets mit Erklärungen. Wo man Kinder sonst betteln muss, wird die Wanderung zum Vergnügen. Seit dem Sommer 2019 gibt es auch eine **Tropfsteinhöhle**. Zwar keine echte, aber eine Nachbildung. Und hier erfahren die Kleinen, wie Tropfsteine entstehen und ob nun Stalaktiten oder Stalagmiten von der Decke hängen.

Den Abschluss bildet schließlich eine riesige **Aussichtsplattform** in Form einer Koralle. Manche Teile davon sind durchsichtig und man schaut zwischen den Beinen 70 Meter in die Tiefe. Wem das nicht ganz geheuer ist, der kann auf den Ästen der Koralle bleiben: die sind undurchsichtig. Die Aussicht in Richtung Kitzbüheler Horn, zum Wilden Kaiser oder hinaus nach Bayern ist aber in jedem Fall gewaltig.

► Tipp
Als zusätzliche Motivation für den Triassic Trail können sich Kinder bei der Talstation der Waidringer Bergbahnen ein **Forscherhandbuch** holen. Bei den verschiedenen Stationen kann man Stempel ins Buch drücken und bekommt am Ende ein kleines Überraschungsgeschenk.

Auf der Steinplatte kann man Saurier näher kennenlernen.

Zigaretten, Kaffee und ein Wunder: Schmugglerweg nach Klobenstein

▶ Anfahrt

Mit ÖBB bis Kufstein, weiter mit Bus 4030 (ab Kufstein Bahnhof) oder Bus 4000 (von Kitzbühel bzw. St. Johann). Mit dem Pkw über die A 12, Ausfahrt Kufstein Nord, weiter über Ebbs, Walchsee, Kössen. Gebührenpflichtiger Parkplatz Steinbauer (Steinbruchweg 13, 6345 Kössen).

▶ Hinweis

Wer sich das Kirchlein ansehen oder im Gasthaus einkehren will, muss aber nicht unbedingt die Wanderung über den Schmugglerweg machen. Auf der B 176, kurz vor der Grenze zu Deutschland, befindet sich ein Parkplatz. Von hier erreicht man die Wallfahrtskirche in wenigen Minuten.

Schon viele Jahrhunderte hatte zwischen Kössen in Tirol und Schleching in Bayern ein Saumpfad bestanden. So wirklich geschmuggelt wurde dort allerdings erst nach dem Zweiten Weltkrieg, als die Not der Menschen groß war: Kaffee, Tee, Zigaretten und Käse wechselten in der einen oder anderen Richtung über die Grenze. Heute ist dieser Schmugglerpfad als beliebter Wanderweg wieder auferstanden.

Der Schmugglerweg beginnt in **Kössen** bei der hölzernen Brücke über die Großache (Tiroler Ache). Von dort geht es ein Stück über eine Wiese bis zum letzten Bauernhof und dann in den Wald. Gelbe Schilder mit der Aufschrift Schmugglerweg bzw. Klobenstein zeigen die Richtung. Von Kössen bis Klobenstein geht man maximal 1,5 Stunden.

Der Weg zieht sich nun immer am Hang dahin, steigt nur mäßig an, manchmal hat man einen

Tiefblick auf die Ache. Auch wenn der Steig relativ breit und unschwierig ist, für Kinderwägen ist er nicht geeignet. Bei Nässe sind die Wurzeln, Steine und Holzbrücken rutschig. Immer wieder kommen Bächlein den Hang herunter, wovon nicht alle sich daran halten, unter Brücken durchzufließen. Manche rinnen auch einfach über den Weg.

Im Sommer spendet der Mischwald Schatten, im Herbst erfreut er einen durch seine Buntheit. Die Bundesforste als Waldbesitzer lassen auch ganz bewusst Totholz liegen, um Tieren und Pflanzen eine Brutstätte zu geben. Am höchsten Punkt angelangt, verlassen wir den Schmugglerweg und zweigen ab zur Hängebrücke, die uns über die Ache nach Maria Klobenstein hinüberbringt.

Die 33 Meter lange, vor einigen Jahren komplett erneuerte **Hängebrücke** ist keine, vor der man sich fürchten müsste. Es geht weder besonders tief hinunter ins Wasser, noch schaukelt sie stark. Am anderen Ufer angekommen, steigt man ein paar Meter hinauf zur **Wallfahrtskirche Maria Klobenstein**.

Was die Sage erzählt: Demnach geriet eine Frau auf dem Weg nach Marquartstein in einen mächtigen Felssturz. Sie schickte ein Stoßgebet zur Mutter Gottes, und ein riesiger Stein, der auf sie zu stürzen drohte, teilte sich und sie blieb heil. Daher der Name Klobenstein (= gespaltener Felsen). Diesen kann man heute noch sehen und zwischen seinen zwei Teilen durchgehen. Zum Dank für ihre Rettung stellte die Frau ein Marienbild am Stein auf. Später wurde eine kleine Kapelle gebaut, dann eine größere Kirche.

Heute besteht die Wallfahrtskirche eigentlich aus zwei Kirchlein, von denen in einer eine schwarze Madonna steht, und der Lourdeskapelle, in der aus einer Quelle das **heilige Klobensteinwasser** rinnt.

► Einkehrtipp

Unter der Wallfahrtskirche befindet sich das urige Gasthaus Klobenstein (Klobensteiner Str. 73, 6345 Kössen), mit seinem zauberhaften Garten, in dem auf verschiedenen Terrassen zum Teil Steintische stehen. Rundherum ist alles wunderbar verwachsen. Geöffnet von Ende April bis Ende Oktober täglich von 11.00 bis 18.00 Uhr.
www.gasthaus-klobenstein.com

Auf einer Hängebrücke wird die Großache überquert.

Bezirk Kufstein

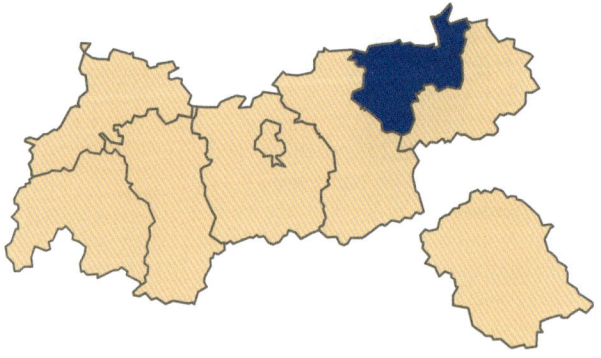

Der Bezirk Kufstein erstreckt sich von der bayerischen Grenze bis zum Zillertal. Er umfasst das unterste Inntal und etliche Nebentäler: Alpbachtal, Brandenberger Tal, Wildschönau, Thierseetal, sowie die Untere Schranne. Ebenso wie im benachbarten Bezirk Kitzbühel sind hier die Berge großteils nicht besonders hoch und schroff, mit einer Ausnahme: dem **Kaisergebirge** mit dem Wilden und dem Zahmen Kaiser. Dort befinden sich einige der schwierigsten und spektakulärsten Kletterwände der Alpen. Alpine Größen von Hans Dülfer bis zu den Huber-Buam haben sich dort verewigt. Aber man muss diese Berge ja nicht selbst erklimmen, ein Ausflug auf eine der vielen **Schutzhütten** genügt völlig, um den Wilden Kaiser hautnah zu erleben: zum Beispiel die Kaindlhütte, das Stripsenjochhaus, das Anton-Karg- oder das Hans-Berger-Haus. Oder man schaut sich den mächtigen Gebirgsstock vom gegenüberliegenden **Pendling** an.

Während das Inntal mit den Zentren **Kufstein** und **Wörgl** stark durch Verkehrswege, Industrie und Gewerbe geprägt ist, geht es in den Nebentälern recht gemächlich zu: keine großen Tourismushochburgen, dafür viele beschauliche Dörfer. Dies gilt auch für das Hochplateau zwischen **Kramsach** und **Langkampfen**. Was nicht heißt, dass nicht einige dieser

Blick auf Reith im Alpbachtal und das Inntal.

Dörfer Berühmtheit erlangt hätten: Wie etwa Alpbach, wo jedes Jahr im Sommer das Europäische Forum **Alpbach** stattfindet. Ein ausgesprochen idyllischer Treffpunkt für Politik, Wissenschaft und Kultur, an dem aktuelle Themen behandelt werden.

Der Bezirk ist ein **Paradies für Wasserratten**. Er kann nämlich – im Gegensatz zu den meisten anderen Tiroler Bezirken – mit zahlreichen Badeseen aufwarten: Reintaler See, Krummsee, Hechtsee (Tipp Nr. 14), Thiersee, Walchsee (Tipp Nr. 10). Mit dem „Wave", den **Wörgler Wasserwelten**, hat er aber auch eines der größten Schwimmbäder des Landes. Zahlreiche Wildbäche und Achen laden außerdem zum Kajakfahren und Raften ein. Oder zu einer Schluchtenwanderung, wie etwa die Tiefenbach- und die Kaiserklamm, oder die Kundler Klamm.

Unweit von Kufstein befinden sich auch zwei Festspielorte: Erl mit seinen zwei modernen Aufführungshäusern, die auch für Wagnerianer eine Anlaufstelle sind. Vor allem aber werden in **Erl** seit 1613 und in **Thiersee** (Tipp Nr. 14) seit 1799 **Passionsspiele** aufgeführt. Hunderte von Laiendarstellerinnen und -darstellern spielen dabei Leiden und Sterben Christi nach. Die Aufführungen finden im Abstand von mehreren Jahren statt. Eine Tradition, die es sonst so nur in Bayern gibt.

Baden wie früher: Walchsee

Das Tiroler Unterland hat eine ansehnliche Auswahl an Badeseen, die vom Reintaler bis zum
Schwarzsee reicht. Mit 100 Hektar der größte ist
aber der Walchsee. Außerdem hat das Wasser
im Sommer angenehme 26 Grad. Der See hat
vier unterschiedlich große, öffentliche Badebe-
reiche, alle gemütlich, überschaubar entspannend: an der Seepromenade und am Ostufer,
die Badewiese Süd und an der Seemühle.
Der „Strand" an der Seepromenade hat das
Café „See la Vie", einen langen Steg und **für die
Kinder** ein Trampolin, ein Piratenschiff und ei-

nen im Wasser befestigten Eisberg, zu dem es hinauszuschwimmen und den es zu erklimmen gilt. Das Ostufer hingegen wartet mit einer eigenen Liegefläche **für Mensch und Hund** auf. In einem ganz bestimmten Bereich dürfen dort auch die Vierbeiner ins Wasser.

Für Kinder gibt es hier einen **Funpark** mit Kletterwand und Trampolin, außerdem einen **Beachvolleyball-Platz** für die ganze Familie. Und für den Sundowner ist die **Beachbar** da.

Motorbetriebene Boote dürfen privat auf dem See nicht fahren, man kann sich aber ein **Ruder- oder Tretboot** oder die Ausrüstung zum **Stand-up-Paddeln** ausleihen. Auch das **Wasserskifahren** kann man im Wassersportzentrum in einem Schnupperkurs lernen.

▶ Anfahrt
Mit ÖBB bis Kufstein Bahnhof, weiter Bus 4030 (ab Kufstein Bahnhof). Mit Pkw über die A 12, Ausfahrt Kufstein Nord, oder A 93 Oberaudorf. Kostenpflichtiger Parkplatz am Ortsende an der Seepromenade direkt gegenüber vom dortigen Badebereich, zwei weitere Parkplätze am Ostufer. Die genannten Badeplätze sind ebenfalls kostenpflichtig.
www.kaiserwinkl.com/de/badeurlaub-tirol/walchsee-baden.html

Am Walchsee geht es noch beschaulich zu.

Reh und Gämse ganz nah: Wildpark Wildbichl

▶ **Anfahrt**

Mit ÖBB bis Kufstein Bahnhof, weiter mit Bus 4036 bzw. 4030. Mit Pkw über die A 12, Ausfahrt Kufstein Nord, oder A 93, Ausfahrt Oberaudorf. Weiter über Niederndorf bis Sebi, dort nach Norden in Richtung Wildbichl abbiegen. Kostenfreie Parkplätze beim Wildpark.

▶ **Öffnungszeiten**

Der Wildpark Wildbichl (Gränzing 30, 6342 Niederndorferberg) ist ganzjährig geöffnet, November bis April von Mittwoch bis Sonntag, jeweils von 10.00 bis 16.30 Uhr; Mai bis Oktober täglich von 9.00 bis 18.00 Uhr. www.wildpark-wildbichl.com

Viele Kinder kennen allenfalls noch Katz und Hund aus eigener Wahrnehmung. Ein Besuch im Wildpark ist daher ein ganz besonderes Erlebnis. Da ist man dem wunderschön gemusterten Damwild, den flinken Rehen und lustigen Waschbären ganz nahe.

Schon am Eingang oder später, ungefähr auf der Hälfte des Rundganges, kann man ein Säckchen mit Futter kaufen. Das wollen die **Kinder** natürlich unbedingt haben, auch wenn sie dann womöglich vor dem unmittelbaren Kontakt mit Gämse und Schaf doch etwas zurückschrecken. Die Zunge ist zu rau. Und was, wenn das Tier beißt? Aber egal, verfüttern eben Papa und Mama den Inhalt der Papiertüte. Denen macht das auch Spaß. Welche Tiere nicht gefüttert werden dürfen, das steht am jeweiligen Zaun. Die Wildschweine zum Beispiel nicht, weil die können ordentlich beißen, auch wenn sie recht friedlich aussehen, wie sie sich so im Dreck wälzen. Das zierliche Damwild hingegen drängt sich um den Zaun, es kommt zur einen oder anderen Schubserei unter den Tieren. Hier will jeder was ergattern. Dem Luchs ist der Rummel im Wildpark wiederum völlig egal. Er liegt unter einem Baum im Schatten und lässt Besucher Besucher sein.

Insgesamt hat der Wildpark eine Fläche von 80.000 Quadratmetern, rund **70 Tiere** kann man in den verschiedenen, teils sehr großen und naturbelassenen Gehegen beobachten. Lediglich die Volieren für die Vögel scheinen etwas klein zu sein. Es gibt auch kleine Täfelchen, die einen über **60 heimische Pflanzen** aufklären, die längs des Weges wachsen.

Wildbichl war einst eine Poststation, wo die Reiter und Kutschen ihre Pferde wechselten. Auch auf diesen Umstand wird hingewiesen. Ebenso darauf, dass man im Wildpark teils auf einem alten Schmugglerpfad in Richtung Bayern wandelt. Der Weg durch den Park ist breit, wenn auch an manchen Stellen schottrig und etwas steil, aber insgesamt auch mit dem Kinderwagen gut zu befahren. Er ist als Rundgang in Form eines Achters angelegt.

▶ **Tipp**
Sollte die Energie der Kinder nach dem Besuch nicht erschöpft sein, so gibt es beim Eingangskiosk auch noch einen großen **Spielplatz**, sogar mit einer **Go-Cart-Bahn**!

▶ **Einkehrtipp**
In den Sommermonaten gibt es einen kleinen Imbiss bei der Kasse.

Der Luchs ist einer von 70 Bewohnern des Wildparks.

Die Erfindung der Langsamkeit: Kaiserlift und Brentenjoch

▶ **Betriebszeiten Kaiserlift**
Anfang Mai bis Ende Oktober täglich von 8.30 bis 16.30 Uhr.
www.naturerlebnis-kaisergebirge.at

Wie viele kleine Einsersessellifte in Tirol war auch der Kaiserlift in Kufstein von der Einstellung bedroht: zu alt, zu wenig Transportkapazität, dringender Sanierungsbedarf. Doch im Gegensatz zu vielen seiner Art blieb ihm der Weg zum Alteisen am Ende erspart. 2014/15 wurde er saniert. Seither ist er technisch wieder bestens in Schuss. Nur eines ist ihm geblieben: sein gemächliches Tempo.

Vom Kufsteiner Ortsteil **Sparchen** aus bringt einen der Sessellift in zwei Sektionen bis aufs **Brentenjoch**. Wer beim Einsteigen noch etwas hektisch ist, der steigt mit Garantie wunderbar entschleunigt aus: eine Fahrt dauert nämlich mehr als 20 Minuten. In dieser Zeit kann man den Rehen unter dem Lift beim Äsen zusehen, den Eichkätzchen beim Fangenspiel oder einfach nur vor sich hinträumen.

Vom Brentenjoch erschließt sich einem ein Plateau, das sich bis hin zur Nordwand des Schefauers erstreckt und auf dem einige **Almen** sowie die **Kaindlhütte** liegen: ein ideales Revier, um vor der Kulisse des Wilden Kaisers zu wandern und spazieren.

Die **Kaindlhütte** erreicht man einfach über eine Schotterstraße, die Teil des Adlerweges ist. In rund einer Stunde hat man sein Ziel erreicht.

Landschaftlich schöner ist es aber, eine ganze Runde zu drehen: Vom **Brentenjoch** auf den **Gamskogel** (siehe Bild), vorbei am **Brandkogel** bis zum **Bettlersteigsattel**. Der Pfad ist schmal, aber nicht schwierig zu begehen. An einigen Stellen sind Stufen eingebaut. Vor sich hat man während der ganzen Zeit die abweisenden Nordwände des Wilden Kaisers. Dann geht man ein Stück den Bettlersteig in Richtung Westen bis zur **Kaindlhütte** und von dort den breiten Forstweg wieder zurück, mit einem kurzen Gegenanstieg ganz am Ende. Die Gehzeit für die große Tour beträgt 2,5 bis 3 Stunden.

Belohnt wird man auf der Kaindlhütte mit Speisen aus heimischen Produkten und den Felsen zum Greifen nahe. Oder man kehrt auf der benachbarten **Oberen Steinbergalm** ein.

Tipp: Wer nicht wandern möchte, kann den Ausblick auf den Wilden Kaiser auch aus sicherer Entfernung von der Brentenjochalm aus genießen. Die liegt nur wenige Minuten von der Bergstation des Liftes entfernt.

▶ **Anfahrt**
Mit ÖBB bis Kufstein Bahnhof, weiter mit Stadtbus Linie 1, Haltestelle Meraner Straße, ca. 10 Minuten Fußweg bis zur Talstation. Mit dem Pkw auf der A 12, Ausfahrt Kufstein Nord, beim Kreisverkehr Richtung Zentrum, beim nächsten Kreisverkehr in die Feldgasse, weiter über die Willy-Graf-Straße, die Meraner Straße und die Obere Sparchen bis zum Lift (Obere Sparchen 17, 6330 Kufstein): Kostenpflichtiger Parkplatz.

▶ **Einkehrmöglichkeiten**
Kaindlhütte, Obere Steinbergalm und Brentenjochalm: www.kaindlhuette.com, www.kufstein.com

Kufstein

Mit rund 20.000 Einwohnern ist Kufstein die zweitgrößte Stadt Tirols. In den letzten Jahren hat sie sich so richtig „gemausert". Nicht zuletzt dank der Ansiedelung der Fachhochschule Kufstein ist sie in ihrem Erscheinungsbild deutlich jünger geworden. Aber auch der Kontakt nach Bayern hat der Grenzstadt seit dem EU-Beitritt Österreichs 1995 neuen Schwung verliehen.

Dominiert wird Kufstein seit Jahrhunderten von der **Festung** (Tipp Nr. 13), die einst das Tor ins Inntal bewachen sollte. Heute ist sie Sehenswürdigkeit Nr. 1 und beliebter Veranstaltungsort für Konzerte oder auch den Operettensommer.

Das berühmte Weinhaus „Auracher Löchl".

An ihrem östlichen Fuße liegt der **Untere Stadtplatz** mit zahlreichen Lokalen und Geschäften. Markante und sehenswerte Gebäude sind die **Stadtpfarrkirche**, aber zum Beispiel auch die Sparkasse. Berühmt ist auch das **Auracher Löchl** mit seiner Brücke über die Römerhofgasse. Es rühmt sich übrigens auch, in einem Stollen die größte Gin-Bar der Welt zu haben. Nett flanieren lässt es sich auch am **Fischergries**, unmittelbar am Inn. Die Umgebung von Kufstein hat zwei Seiten. Im Süden den schroffen **Wilden Kaiser**, im Norden die lieblichen Hügel um **Thierberg** mit etlichen Seen (Tipp Nr. 14). Mit Rad, Lift, Auto, Bus ist alles leicht

Blick über Kufstein und das Inntal, im Hintergrund der Pendling.

und rasch erreichbar und ideal für Ausflüge und sportliche Betätigung. Nicht zu vergessen natürlich der Kufsteiner Hausberg, der Pendling. Vom **Pendlinghaus** hat man einen wunderbaren Blick über die Stadt und die Umgebung.

Nordöstlich von Kufstein liegt das wildromantische **Kaisertal**, das sich bis vor einigen Jahren rühmen konnte, keine Straße zu haben. Wer hinein wollte, musste zu Fuß gehen. Nun gibt es zwar eine, die ist allerdings nur für Anrainer gedacht.

Tirols Torwächter: Festung Kufstein

▶ **Anfahrt**
Mit ÖBB bis Kufstein Bahnhof. Vom Bahnhof sind es nur wenige Gehminuten bis zum Aufgang zur Festung. Mit dem Pkw A 12 Inntalautobahn, Ausfahrt Kufstein Süd oder Nord.

▶ **Öffnungszeiten Festung**
Mitte April bis Anfang November täglich von 9.00 bis 18.00 Uhr, November bis Mitte April täglich von 10.00 bis 17.00 Uhr; letzte Talfahrt Aufzug im Sommer: 17.45 Uhr; im Winter: 16.45 Uhr.

▶ **Einkehrmöglichkeit**
Festungswirtschaft.

Hoch über dem Inntal thront seit dem 13. Jahrhundert die Festung Kufstein. Torwächter am Eingang nach Tirol ist sie freilich erst seit der Eroberung durch Kaiser Maximilian I. im Jahr 1504. Davor war sie bayerisch und die Grenze ein ganzes Stück weiter im Westen.

Wer einen Besuch auf der Festung Kufstein plant, ist am besten pünktlich: Schlag 12 Uhr sollte er durch den Einlass sein und sich auf den hölzernen Tribünen am Fuße des Berges niederlassen. Denn da erscheint täglich ein Organist, setzt sich in einem Glaskubus an die Register und Manuale und lässt die **Heldenorgel** erklingen. Sie ist eine der jüngeren Attraktionen der Festung, gebaut 1930 zur Erinnerung an die Gefallenen des Ersten Weltkrieges. Gespielt wird sie heute vom Tal aus, die Orgelpfeifen befinden sich aber im wuchtig gedrungenen **Bürgerturm**. Und weil deren In-itiator, Max Depolo, ein Kaiserjäger war, befinden sich dort auch Erinnerungsstücke an diese Einheit der österreichisch-ungarischen Monarchie.

Doch zuvor muss man natürlich hinauf, entweder mit dem Schrägaufzug oder zu Fuß. Oben angekommen, ist der Besuch der Festung derzeit in vier Abschnitte eingeteilt: Aufstieg zur Grenzfestung, Von der Burg zur Festung, Alltag auf der Festung, Schauplatz Grenzfestung. Aber leider verliert man sich rasch in dem Gewirr an Gängen, Türmen, Kasematten. Es empfiehlt sich, die kostenlose Audio-Guide-App „Festung Kufstein" herunterzuladen, die einem über die jeweiligen Bauteile der Festung etwas erzählt.

Im Zentrum der Anlage steht der **Kaiserturm**. Er erlangte im 19. Jahrhundert als Staatsgefängnis traurige Berühmtheit. Dort waren großteils politische Gefangene der Monarchie untergebracht.

Ebenfalls im Turm befindet sich das modern gestaltete **Kufsteiner Heimatmuseum**. Dessen bedeutendste Exponate sind die Funde aus der Tischofer Höhle im Kaisertal: Sie sind an die 28.000 Jahre alt. Waffen und Werkzeuge von Steinzeitmenschen, aber auch Skelette von zahlreichen Höhlenbären.

▶ **Tipp**
Etliche weitere Attraktionen werden ab Frühjahr 2020 zugänglich sein. Etwa die **Ausstellung** „Vom Rittertum zur Neuzeit". Auch das Staatsgefängnis wird sich dann neu präsentieren.

▶ **Orgelkonzert**
Täglich um 12.00 Uhr, im Juli und August zusätzlich um 18.00 Uhr.
www.festung-kufstein.at

Dieses Bärenskelett aus der Tischofer Höhle kann man im Heimatmuseum aus der Nähe bewundern.

Badespaß und Besinnung: Hechtsee und Thierberg

▶ Anfahrt
Mit dem Pkw über die A 12, Ausfahrt Kufstein Nord oder Süd, Weiterfahrt auf der B 171 bis wenige Meter vor die ehemalige Grenze zu Deutschland. Dort führt links die Straße zum See weg. Während der Ferien von Kufstein (ÖBB-Bahnhof) mit dem kostenlosen Badebus, der allerdings nur bei Schönwetter verkehrt. Bei zweifelhaftem Wetter erhält man unter Tel. +43 (0) 5372/60 2 1 00 Auskunft.

Der Hechtsee und seine Umgebung sind ein kleines Wunderland: Landschaftliche Schönheit, Badespaß und eine historische Einzigartigkeit, nämlich eine intakte Einsiedelei, bietet die Gegend.

Im Hechtsee soll die Nixe Hechta leben. Gesehen hat sie allerdings noch nie jemand. Nicht einmal die Experten der Universität Innsbruck, die mit Sedimentuntersuchungen der Geschichte des 57 Meter tiefen Sees im wahrsten Sinne des Wortes auf den Grund gegangen sind. Aber einerlei: Der Hechtsee ist mit und ohne Nixe ein **Naturjuwel** in unmittelbarer Nähe von Kufstein.

Im Sommer wird das Wasser durchschnittlich 24 Grad warm. Da kann man ruhig einen Hecht-sprung in den See machen. Am besten eignet sich dazu die **Badeanstalt** am Südufer mit Liegewiese, Beach- und Wasservolleyball-Platz sowie Strandrestaurant (SB und mit Bedienung).

Für Wanderfreunde: Es lohnt sich zu jeder Jahreszeit eine **Wanderung** am etwas mehr als 2,5 Kilometer langen Seeufer. Wobei sich auch ein kleiner Abstecher zum geschützten **Egelsee** anbietet, einem ganz besonderen Biotop. Wer überhaupt lieber eine ausgedehnte Runde macht und erst am Ende ein Bad nimmt, der kann auch noch den **Pfrill-** und den **Längsee** miteinbeziehen.

Der Hechtsee liegt am Fuße des Thierberges, den man vom Seeufer erklimmen kann. Gleich bei der Badeanstalt beginnt links der steile Weg, der zuerst auf eine wunderschöne, kleine Wiese führt und dann – wieder ziemlich steil durch den Wald – auf den **Thierberg**. Insgesamt beträgt die Gehzeit aber nur eine halbe Stunde.

Für Kulturinteressierte: Der Bergfried von Thierberg beherbergt ein kleines **Heimat-museum**, bietet von seinem Dach aber vor allem einen wunderbaren Blick auf den Wilden und Zahmen Kaiser und Kufstein. Besuchenswert ist aber auch das **Kirchlein** im Rokoko-Stil, in dessen erstem Stock man die **Thierberger Krippe** besichtigen kann. Von April bis November findet in der Thierberg-Kapelle mittwochs um 8 Uhr morgens eine hl. Messe mit Bruder Konrad, dem Einsiedler der Burg, statt.

▶ **Öffnungszeiten See-arena Hechtsee**
Ende Mai bis Anfang September von 9.00 bis 19.00 Uhr.
https://hechtsee.tirol

Thierberg beherbergt noch immer einen Einsiedler.

Ein Kapellenlabyrinth: Mariastein

▶ Anfahrt
Mit Bus 4068 (von Bahnhof
Kufstein oder Wörgl). Mit Pkw
über die A 12, Ausfahrt Kirchbichl, dann über Niederbreiten-
bach nach Mariastein. Parkplatz
unmittelbar neben der Anlage.

▶ Einkehrmöglichkeiten
Mariasteinerhof
(www.mariasteinerhof.at),
Schlossblick
(https://schlossblick.at).

Als die Straße von Innsbruck nach Rosenheim
noch nicht durch das Inntal, sondern über Angerberg führte, entstand dort um 1361 auf einem Felsen die „Burg auf dem stayn". Heute
noch prägt der markante Turm die umliegende
Landschaft, durch ein Marienwunder ist er ein
beliebter Wallfahrts- und neuerdings auch Hochzeitsort geworden: Mariastein.

Aus der Geschichte: Im Laufe der Jahrhunderte wechselte die Burg, später Schloss, immer
wieder die Besitzer, bayerische und tirolische
Rittergeschlechter nannten sie ihr Eigen. Zum
Wallfahrtsort machte sie allerdings ein Ereignis,
das sich angeblich in den 1560er-Jahren zuge-

tragen haben soll: Georg Ilsung wollte ein Marienbildnis aus dem Turm in seine Heimatstadt Augsburg überführen, doch zwei Mal brachten es Engel wieder nach Tirol zurück. Nach diesem Marienwunder wurde die Burg rasch zur beliebten **Pilgerstätte** und ist es bis heute geblieben. Seit 1834 gehört die Anlage dem Erzbistum Salzburg.

Der **Turm** ist während des Tages immer geöffnet. Bei seinem Betreten oder Verlassen kann man an einer Schnur ziehen, die eine der berühmten Glocken der Innsbrucker Gießerei Büchsenhausen des Geschlechtes der Löffler zum Läuten bringt. 150 Stufen, die immer schmäler und enger werden, führen bis zur obersten Kapelle „Unserer Lieben Frau von Mariastein". Sie ist allerdings nur eines von drei Kirchlein.

Das unterste erreicht man durch einen schmalen, niederen Gang, in dem zahlreiche Bilder und Votivtafeln aufgestellt sind. In dieser heutigen **Felsenkapelle** mit einer Pietà befand sich einst die Waffenkammer der Burg. Über eine Wendeltreppe geht es nun weiter zum **Rittersaal**, in dem ein kleines **Museum** eingerichtet ist. Es beherbergt unter anderem das Szepter und einen der drei noch vorhandenen österreichischen Herzogshüte, aber auch Exponate aus der Burg- und Wallfahrtsgeschichte. Es ist gegen Voranmeldung mit Führung zugänglich. Schließlich folgen die Kreuz- und die Gnadenkapelle mit ihrem Rokoko-Altar. Diese Kapelle mit dem bereits erwähnten Marienbildnis wurde im obersten Stock des Turmes eingerichtet, da niemand über der Gottesmutter wohnen sollte.

Doch auch der Innenhof um die Wohngebäude der Burg ist still und beschaulich, ein Brunnen plätschert leise, in einem Eck steht ein überdachter Volksaltar. Dort kann man auch eine Stahlgussglocke, ein Geschenk aus dem bayerischen Kloster Scheyern, anschlagen.

► Wandertipp

Wer in Mariastein noch nicht genug Kirchlein gesehen hat, der kann den dortigen Parkplatz als Ausgangspunkt für den **Kapellenweg** nehmen. Dieser geht von der „Wartelstein-" zur „Gatterer-" und weiter zur „Steinkapelle". So führt der ausgeschilderte Weg im Tal bis zum Gasthaus Schlossblick und dann auf dem bewaldeten Höhenrücken wieder zurück zum Ausgangsort. Gehzeit ca. 3 Stunden.

Mariastein – einer der eigentümlichsten Wallfahrtsorte Tirols.

Eis und Tropfsteine: Hundalmhöhle

▶ Anfahrt

Mit Pkw über die A 12, Ausfahrt Kirchbichl, im Kreisverkehr den Wegweisern Mariastein folgen; Mariastein passieren, beim Gasthaus Schlossblick rechts abbiegen nach Angerberg/ Embach (gebührenpflichtige Parkplätze sind ausgeschildert) (Embach 128, 6320 Angerberg).

Die Hundalmhöhle bei Angerberg ist ein ganz besonderes Exemplar: sie ist nämlich Eis- und Tropfsteinhöhle gleichzeitig. Etwas, das sehr selten vorkommt. Dafür kann man schon ein bisschen Anstrengung auf sich nehmen.

Einen leichten Weg zur Hundalmhöhle gibt es nämlich nicht. Es ist und bleibt ein „Hatscher". Allein für den Aufstieg muss man etwa 2,5 Stunden Zeit kalkulieren. Beim ersten Blick scheint einem der steile, felsdurchsetzte Hang überhaupt unüberwindlich. Doch beim näheren Hinsehen windet sich eine Straße hinauf zur **Buchackeralm**, der man die ganze Zeit folgt: Auf dem Weg trifft man auf einen Brunnen, ein Denkmal und eine kleine Marienstatue im Fels. Sie markieren gewissermaßen die Meilensteine des Auf- und Abstieges. Nach der Überwindung der Steilstufe eröffnet sich ein unerwartet großes Plateau, an dessen Rand sich die neu umgebaute Buchackeralm für eine **Einkehr** anbietet.

Von da an geht es noch ein Stück weiter den Forstweg entlang bis zum **Adlerhorst**, einem Aussichtspunkt, von dem man an klaren Tagen bis weit in die Hohen Tauern sieht. Hier zweigt man nach Nordosten Richtung Höhle ab. Das letzte Stück geht es über einen angenehmen kleinen Waldweg, bis man zur Hütte des Vereins für Höhlenkunde kommt. Dort werden die Besucher nach der Ankunft mit Helm und Karbidlampe ausgerüstet und tauchen in die Unterwelt ein. Weil es an die null Grad in der **Höhle** hat, empfiehlt sich auch eine warme Jacke.

Die Höhle selbst wurde 1967 der Öffentlichkeit zugänglich gemacht, die Stege wurden in letzter Zeit aber modernisiert. Die steilen und rutschigen Holzstufen wurden fast überall ausgetauscht. Und so geht es auf Eisentreppen hinab. Durch das Kalkgestein eindringendes Wasser formt drinnen bizarre Eisgebilde. Die beste Zeit, um diese zu sehen, ist früh in der Saison. An manchen Stellen ist das Eis bis zu sieben oder acht Meter dick und man geht gebückt durch einen engen Tunnel darunter durch. Aber es gibt auch Tropfsteine, Stalaktiten und Stalagmiten – Zeichen dafür, dass es einmal deutlich wärmer gewesen sein muss, dort unten. So dreht man unter fachkundiger Führung eine kleine Runde in der Höhle, von der kaum die Hälfte erschlossen ist. Nach 20 oder 30 Minuten taucht man wieder auf aus der Tiefe und wird womöglich förmlich „erschlagen" von der Sommerhitze. Der Abstieg ins Tal ist ident mit dem Aufstiegsweg.

► **Hinweis**

Die Hundalmhöhle ist Mitglied im Verbund der „Inntaler Unterwelt", zu der als zweite Tiroler Attraktion die Tischofer Höhle bei Kufstein gehört.

► **Gehzeit**

Der Aufstieg über Buchacker ist in etwa drei Stunden zu bewältigen. Immerhin muss man knapp 1000 Höhenmeter überwinden. Da es über den steilen, südseitigen Wald kaum Abkürzungen gibt, dauert der Abstieg kaum weniger lang.

► **Eishöhle**

Mitte Juli bis Ende August täglich Führun-gen, von Mitte Mai bis Mitte Juli und im September nur am Wochenende geöffnet. www.unterwelten.com, www.hoehle-tirol.at/eishoehle. htm

► **Einkehrmöglichkeit**

Buchackeralm, geöffnet Mitte Mai bis Ende Oktober, Dienstag bis Sonntag von 8.00 bis 18.00 Uhr. www.buchackeralm.at

Was unsere Vorfahren wussten: Freizeitpark Hexenwasser

▶ **Anfahrt**
Mit Bus 4060 (ab Bahnhof Wörgl bzw. St. Johann), Haltestelle Söll Dorf, von dort sind es 900 Meter zu Fuß bis zur Bergbahn (Stampfanger 21, 6306 Söll). Mit dem Pkw über A 12, Ausfahrt Wörgl Ost, Weiterfahrt über Loferer Straße B 178 bis Söll.

Am Beginn war Hexenwasser „nur" der Name eines Angebotes für die Kleinen in Söll. Als freilich immer wieder Kinder fragten, wo denn nun eigentlich die Hexen seien, mussten welche her. Seither sieht man sie immer wieder, mit ihren zerknitterten Hüten, der Warze auf der Nase, den schwarzen Lippen und selbstverständlich mit ihrem Fortbewegungsmittel, einem Besen. Aber diese Hexen sind nicht böse, sondern bringen den Kindern vieles bei.

Den Freizeitpark Hexenwasser an der Mittelstation der **Bergbahnen Söll** gibt es bereits seit 2002. Ursprünglich bestand er nur aus einem Wasserspielgelände mit einem Teich und Kneippbecken sowie einigen künstlichen Bächlein. Doch die Anlage wächst und wächst – es ist wie verhext.

Heute besteht das Hexenwasser aus mehr als **20 Stationen**, die sich um das Erleben von Sinneseindrücken drehen. So gibt es einen **Barfußweg**, auf dem Kinder ausprobieren können, wie es sich anfühlt, auf großen oder kleinen Steinen, Erde oder Gras zu gehen. Die Schuhe werden einstweilen im **Schuhmuseum** aufbewahrt. Die Kästchen sind einsehbar, die Schuhe werden so für eine kurze Zeit zum Ausstellungsstück: alte, neue, coole, langweilige, saubere, schmutzige …
Aber wie wäre das eigentlich, den ganzen Sommer hier heroben zu bleiben, zwischen den Kühen auf den saftigen Wiesen? Die **Simonihütte**, ein 400 Jahre altes Bauernhaus aus Brixen im Thale, das hier wieder aufgestellt wurde, gibt Einblick in das Leben auf der Alm.
Was, es ist schon spät geworden? Aber hoppla, diese Uhr funktioniert nur bei Sonnenschein? Die Hexen kennen sich natürlich auch hier aus und erklären, wie so eine Sonnenuhr funktioniert.
Hungrig wird man vom Herumwandern, jetzt muss eine Jause her. Aber wenn die Mama keine eingepackt hat? Dann muss man sich sein Brot eben selbst backen: In einem steinernen Ofen oder aber am offenen Feuer, indem man den Teig um einen Stock wickelt. Auf spielerische Weise werden die Kinder so mit vielen Dingen bekanntgemacht, die früher alltäglich waren. Bewegung und Wissensvermittlungen halten sich dabei die Waage.
Im Sommer 2019 hat das Gelände neuerlich Zuwachs bekommen: Es wurde ein zweites altes Bauernhaus auf den Berg gehext. Brett für Brett, Nagel für Nagel wurde es wieder aufgebaut. Nun beherbergt es die Hexerei, in der die Weiblein mit ihren Besen leben und wirken. Hier zeigen sie ihre Künste. Über einen Waldweg erreicht man das Haus, das aber nur auf den ersten Blick ein bisschen unheimlich scheint. Oder soll zuerst vielleicht doch die Mama an die Tür klopfen?

▶ Öffnungszeiten
Ende Mai bis Ende Oktober täglich von 8.45 bis 17.00 Uhr. Kombitickets für Bahn und Hexenwasser.
www.hexenwasser.at

▶ Einkehrmöglichkeiten
Zahlreiche Almen und Gasthäuser rund um das Hexenwasser.

Hexen hexen riesige Seifenblasen herbei.

Geschichte eines Hochtales: Bergbauernmuseum z'Bach

▶ **Anfahrt**

Mit Bus 4064 (ab Bahnhof Wörgl) bis Oberau/Bach oder mit Pkw auf der A 12 bis Wörgl West oder Ost. Vom Zentrum von Wörgl in die Wildschönau. Das Museum befindet sich nach dem Ortsende von Niederau gleich rechts. Kostenlose Parkplätze vorhanden.

Bergbauernmuseum ist vielleicht ein bisschen untertrieben. Hingegen wurde in den alten Hof aus dem 13. Jahrhundert die Geschichte der ganzen Wildschönau gepackt. Und die ist reich an Besonderheiten, die in dem kleinen, liebevoll gestalteten **Museum** angeschnitten werden.

Zuallererst ist da nämlich die **Dreizehnlinden-Stube**. Sie beherbergt einige Ausstellungsstücke, die an die Auswanderung von Wildschönauern nach Brasilien erinnern. Initiator war vor über 80 Jahren Andreas Thaler aus der Wildschönau, er war in der Zeit zwischen den beiden Weltkriegen österreichischer Landwirtschaftsminister. Als die Tiroler im Süden Brasiliens ankamen, mussten sie freilich erst Land roden, um ihr Dorf Dreizehnlinden aufbauen zu können. Die Sichel, mit der Thaler das getan haben soll, liegt nun im Museum in der alten Heimat. Auch ein Album, in dem die gegenseitigen Besuche festgehalten werden, liegt dort auf.

In einem anderen Raum wird des Wildschönauer Freiheitskämpfers Jakob Margreiter gedacht. Er war im Tiroler Aufstand mit seinen Landsleuten gegen die Bayern in den Krieg gezogen, wurde 1809 aber gefangen und inhaftiert. Die Hinrichtung blieb ihm erspart. Als er jedoch in die Heimat zurückkam, wollten seine Mitstreiter den versprochenen Sold von ihm. Den musste er zahlen, so starb er schließlich verarmt.

Und noch einem dritten Namen begegnet man eher unverhofft: Hörbiger. Die Familie stammt ebenfalls aus dem Tiroler Hochtal und brachte unter anderem den Orgelbauer Alois Hörbiger, den Erfinder und Mondforscher Hanns und die Schauspieler Paul, Attila und Christiane hervor. Sie alle haben ein Plätzchen im Museum gefunden.

Daneben erzählen die verschiedenen Räume aber freilich auch vom Leben derer, die nicht zu Bekanntheit gekommen sind. Vom Kochen und Backen, vom Spinnen und Weben, vom Holzarbeiten und Silberschürfen, von Geburt und Tod. Nicht fehlen darf selbstverständlich auch ein Eck für die „Wildschönauer Medizin", den Krautinger – einen Schnaps aus Rüben. **Tipp:** An Donnerstagen kann man beim **Handwerksmarkt** vieles von diesem alten Leben und Können miterleben und bäuerliche Produkte auch kaufen.

▶ Öffnungszeiten
Anfang Juli bis Mitte September montags, mittwochs und sonntags von 12.00 bis 17.00 Uhr; Ende Mai und Juni sowie Mitte September bis Mitte Oktober mittwochs und sonntags von 12.00 bis 17.00 Uhr; 25. Dez. bis Anfang April nur mittwochs von 12.00 bis 17.00 Uhr.

▶ Handwerksmarkt
Ende Mai bis Anfang Oktober immer donnerstags von 12.00 bis 17.00 Uhr.
www.bergbauernmuseum.at

Das Museum z'Bach besteht aus vier Gebäuden, die sich verschiedenen Aspekten der Talgeschichte widmen.

Kleinod in Österreichs kleinster Stadt: Augustinermuseum

▶ Anfahrt

Mit der Bahn bis ÖBB-Halte-
stelle Rattenberg, von dort fünf
Minuten zu Fuß bis zum Mu-
seum (Klostergasse 95, 6240
Rattenberg). Mit dem Pkw über
die A 12, Ausfahrt Kramsach/
Rattenberg. Gebührenpflichtige
Parkplätze vor der Stadt. Ca. fünf
Minuten Fußweg bis zum
Museum (Klostergasse 95,
6240 Rattenberg).

Rattenberg ist an sich schon fast ein Museum, mit seinen alten Häusern und der Burg. Doch inmitten von Österreichs kleinster Stadt befindet sich ein Kunstschatz, den man dort nicht vermuten würde: Das Augustinermuseum beherbergt eine bedeutende Sammlung von vornehmlich sakralen Gegenständen aus der Gotik und dem Barock.

Untergebracht ist das Museum im ehemaligen **Augustinerkloster**, das 1385 gestiftet wurde. Erst im Jahr 1970 musste der Klosterbetrieb eingestellt werden. In den späten 1980er- und frühen 1990er-Jahren fand dann eine umfangreiche Restaurierung statt, ehe dort 1993 das Augustinermuseum einzog.

Die Exponate stammen vorwiegend aus Pfarren im Tiroler Unterland, die sakrale Gegenstände und Kunstwerke als Dauerleihgaben zur Verfügung stellten.

Der Rundgang beginnt im **gotischen Kreuzgang**, in dem wunderschöne Heiligenfiguren aufgestellt sind. In der ehemaligen Sakristei sind Kelche und Monstranzen in prächtiger Gold- und Silberarbeit zu sehen. Ebenfalls noch im Parterre ausgestellt sind aufwändig gefertigte Kirchengewänder für verschiedene Feste und Anlässe. Hier hat man auch Zugang zur **Klosterkirche**, die im ersten Moment sehr schlicht wirkt, aber das erste barocke Kuppelfresko Tirols, den sogenannten **„Augustinerhimmel"**, beherbergt.

Über eine Wendeltreppe gelangt man in den ersten Stock, in dem Gemälde ausgestellt sind, von wo man aber auch auf die Orgelempore gelangt. Dort sind unter anderem eine unheimlich wirkende, lebensgroße Geißelungsgruppe und die **„Kitzbüheler Sesselfrau"**, eine bekleidete Madonnenfigur, aufgestellt.

Geht man weiter in den Dachboden, der seit 2010 geöffnet ist, so findet man dort einerseits das Depot des Museums, unter anderem mit einer Darstellung des „Anderle von Rinn". Vor allem aber kann man sich in das Gebälk des Kirchendaches begeben, das bereits erwähnte Kuppelfresko von der Hinterseite betrachten und es umrunden. Hölzerne Treppen führen schließlich in den **Kirchturm**, von wo aus man einen großartigen **Blick über die Dächer** von Rattenberg hat.

Völlig verdient hat das Museum seit seiner Existenz zahlreiche Preise erhalten.

▶ **Öffnungszeiten**
1. Mai bis 26. Oktober täglich von 10.00 bis 17.00 Uhr.
www.augustinermuseum.at

Die Geißelungsgruppe ist schaurig anzusehen.

Rattenberg

Das Gemeindegebiet von Rattenberg besteht mehr oder weniger aus Stadt und Burg und hat eine Fläche von nur 0,11 Quadratkilometern. Die ist dafür aber besonders romantisch. Urkundlich erwähnt wurde die Stadt erstmals 1254. Einst war Rattenberg ein Umschlagplatz für die Innschifffahrt nahe der damaligen Grenze. Es gehörte zu Bayern und kam erst unter Kaiser Maximilian I. endgültig zu Tirol.

Wenn man heute durch Rattenberg spaziert, dann hat man eine frühneuzeitliche Stadt vor sich. Die meisten Häuser sind im sogenannten **Inn-Salzach-Stil** erbaut. Beinahe ganz Rattenberg ist heute Fußgängerzone. Am westlichen Eingang in die Stadt befinden sich die **Nagelschmiedehäuser**. Sie beherbergen heute ein **Museum**, das sich mit Bergbau und Handwerkskunst beschäftigt. Die Hauptstraße, die sich durch die ganze Stadt zieht, ist die Südtiroler Straße. Weil die Stadt besonders für ihre **Glaskunst** bekannt ist, findet man dementsprechend viele einschlägige Geschäfte. Manche ganz besonders bizarre Kreationen zieren deren Auslagen. Die Steigerung von romantisch in Rattenberg ist der sogenannte **Malerwinkel**: ein Gebäude mit zahlreichen Erkern, die reich verziert sind. Heute ist es Mehrzweckgebäude der Gemeinde und Restaurant. In dem Gässchen befinden sich aber noch weitere malerische Häuser, die durch hölzerne Balkone miteinander verbunden sind.

Der Rattenberger Malerwinkel.

Klein, aber oho: Mit etwa 90 Häusern ist Rattenberg die kleinste Stadt Österreichs.

Wenige Gehminuten vom Zentrum entfernt auf dem gleichnamigen Berg liegt das **Schloss**, oder eigentlich dessen Ruine. Die Burg stand auf einem Plateau, am besten erhalten ist der Bienerturm. Er wurde so benannt, weil dort Kanzler Wilhelm Biener 1651 enthauptet wurde. Er hatte Kritik am Lebensstil des Landesfürsten Erzherzog Ferdinand Karl geübt.

Jeden Sommer finden im Hof der Burg die **Schlossbergspiele** statt. Der Schlossberg ist übrigens auch dafür verantwortlich, dass Rattenberg etliche Monate im Jahr kein Sonnenlicht hat. Pläne, die Stadt über Spiegel mit Licht zu versorgen, verschwanden wieder in der Schublade.

Für kleine und größere Lauser: das Lauserland

Der Kinder-Spielpark bei der Bergstation der Wiedersbergerhorn-Bahn ist etwas für richtige Lauser – weibliche und männliche natürlich. Man kann hüpfen, rutschen, plantschen, durch den Mini-Hochseilgarten turnen oder mit dem Lauser-Sauser herumdüsen.

Der Wart am Lauser-Sauser kennt seine kleinen Raser schon: „Warst du schon wieder zu schnell?" Wer den **Alpine-Coaster** im **Alpbachtal** befährt, der wird nämlich „geblitzt". Insgesamt ist die Bahn aber nicht zu rasant gebaut, sondern absolut familientauglich, und man wird samt seinem Schlitten auch gleich wieder zum Start hinaufgezogen. Der Coaster ist im Gegensatz zu den meisten anderen Angeboten im Lauserland nicht gratis. Am besten gleich eine Kombikarte von Bahn und Lauser-Sauser kaufen.

Der neue, große Hit ist der Lauserturm. Da können die Kinder von verschieden hohen Sprungbrettern in ein Luftkissen hüpfen. Wer höher springt und die tollsten Figuren macht, der hat die Nase vorne. Die Eltern können das Treiben vom benachbarten Gasthaus aus beobachten, falls sie starke Nerven haben.

Alle Möglichkeiten, die das Lauserland bietet, aufzuzählen, das ist fast nicht möglich: **Barfußweg**, **Mini-Hochseilgarten**, eine Wasserrinne zum Absperren und Stauen, **Kletterbäume**, ein **Plantschteich** mit Balanciersteinen und eine Doppelrutsche. Dazwischen immer Liegestühle, in denen die Eltern die Sonne genießen können, und Tische und Bänke für eine Jause. Alles nicht auf Action getrimmt, sondern sehr nett und gemütlich.

Hinweis: Von Ende Juni bis Mitte September gibt es für die Kids ein Wochenprogramm.

▶ Anfahrt
Mit Bus 4074 (ab Bahnhof Jenbach) oder mit Pkw über A 12, Ausfahrt Kramsach/Brixlegg, im Kreisverkehr in Brixlegg Richtung Alpbach fahren. Die Wiedersbergerhorn-Bahn mit kostenpflichtigem Parkplatz (wird beim Kauf einer Fahrkarte refundiert) liegt direkt neben der Straße (Hnr. 311, 6236 Alpbach).

▶ Betriebszeiten Wiedersbergerhorn-Bahn
Mitte Juni bis Anfang September täglich von 9.00 bis 17.00 Uhr, danach bis Anfang November bis 16.30 Uhr.
www.alpbachtal.at

Das Maskottchen des Lauserlandes – ein echter Lauser.

Zum Totlachen: Museumsfriedhof

▶ **Anfahrt**
Mit Bus 4111 (ab ÖBB-Bahnhof Schwaz bzw. Brixlegg), oder mit dem Pkw über die A 12, Ausfahrt Brixlegg/Kramsach, über die Brücke nach Kramsach bis zum ersten Kreisverkehr, dort in Richtung Münster.

Es heißt, er sei der einzige „lustige Friedhof", der Museumsfriedhof in Kramsach. Und bei Sprüchen wie diesem muss man's fast glauben: „Christ, steh still und bet a bissl. Hier liegt der Bauer Jakob Nissl. Zu schwer musste er büßen hier, er starb an selbstgebrautem Bier."

Seit über 40 Jahren sammelt die Schmiedefamilie Guggenberger Grabkreuze in Tirol, Salzburg, Bayern und Südtirol. 1965 wurde der private Museumsfriedhof angelegt. Es ist ein **Friedhof ohne Tote**, die Sprüche auf den Grabkreuzen geben oft das Leben der Verblichenen auf humorvoll-derbe Weise wieder. Wobei sowohl die gezeigten **Grabkreuze** als auch die **Sprüche** authentisch sind, aber nicht notwendigerweise zusammengehören. Auf den Kreuzen steht jeweils beschrieben, aus welchem Ort, von welchem Friedhof die Aufschriften ursprünglich stammen.

In den Jahren 2011 bis 2013 wurde der Friedhof um die sogenannte Arkade erweitert. Dort werden, dieses Mal ganz ohne Augenzwinkern, besonders schöne Grabkreuze und -steine ausgestellt.

Eine weitere Besonderheit auf dem Areal ist der sogenannte Totentanz. Auf dieser bildlichen Darstellung wird die Vergänglichkeit des Menschen gezeigt. Egal ob Bürger, Bauer oder Edelmann, irgendwann ist die Zeit jedes Menschen auf dieser Erde abgelaufen. Der **Kramsacher Totentanz** wurde vom Mauracher Künstler Markus Thurner in Cortenstahl gestaltet und ist 25 Meter lang.

▶ **Öffnungszeiten**
Dienstag bis Sonntag, jeweils von 9.00 bis 17.00 Uhr.
www.museumsfriedhof.info

▶ **Hinweis**
Auf dem Friedhof herrscht Fotografierverbot, man kann aber im Shop um eine Erlaubnis anfragen!

Die Sprüche auf den Kreuzen sind lustig-derb.

Bauernland:
Höfemuseum Kramsach

▶ **Anfahrt**
Mit ÖBB bis Bahnhof Brixlegg, von dort weiter mit Bus 4113. Mit dem Auto über die A 12/Ausfahrt Kramsach und dann der ausgezeichneten Beschilderung folgend.

▶ **Öffnungszeiten**
Das Freilichtmuseum (Angerberg 10, 6233 Kramsach) ist von Palmsonntag bis Ende Oktober täglich von 9.00 bis 17.00 Uhr geöffnet (bzw. von Mai bis September von 9.00 bis 18.00 Uhr). www.museum-tb.at

Auf Schritt und Tritt wird einem im Museum Tiroler Bauernhöfe in Kramsach bewusst, was für ein hartes und kärgliches Leben die Bauern in diesem Land bis vor gar nicht allzu langer Zeit führten: kein fließendes, geschweige denn warmes Wasser im Haus, dunkle Stuben, beengte Verhältnisse, die Küche verraucht, die Kammern in Winter eiskalt. Und doch strahlen die 14 Bauernhöfe aus allen Teilen Tirols, die seit der Gründung des Vereins 1974 im Museum nach und nach einen Platz fanden, auch eine tiefe Würde aus: Sie erzählen vom einfachen, bescheidenen, gottesfürchtigen Leben dieser Menschen.

Neben den eigentlichen **Bauernhöfen** finden sich auf dem Gelände Kapellen, ein Schulgebäude, Mühle, Säge, Schmiede, ein Schießstand, ein altes Schul- und ein Feuerwehrhaus:

insgesamt 37 Gebäude. In nahezu allen Höfen werden mit Bewegungsmeldern und Beamern Figuren an die Wand projiziert, die vom früheren Leben und den Problemen der damaligen Menschen erzählen: wie Butter hergestellt und wie gesponnen wurde, wie es ist, wenn der Hof zu wenig abwirft und die Familie Hunger leidet, die Kinder zum Arbeiten in die Fremde geschickt werden müssen oder sich die Brüder um die Teilung von Hab und Gut streiten. Auch ganz ohne Führung kann man da einen lebendigen Eindruck der Lebensumstände gewinnen, ganz abgesehen von dem, was einem die alten Mauern und Bretter zeigen.

Selbstverständlich wurde dabei auch an die **Kinder** gedacht. Sie können zum Beispiel die Stoffe begreifen, aus denen früher die Kleidung gemacht war, oder versuchen, ob sie aus dem Euter einer Plastikkuh Milch herausbekommen. Doch nicht nur die Gebäude sind den Besuch wert, auch das Areal gleicht einem **Landschaftspark**: Wiesen, ein kleines Tal mit einer Holzbrücke, Schafe auf einem steilen Hang, ein Wäldchen. Fast alle Wege im Museum sind **kinderwagentauglich**, aber selbstverständlich nicht die Gebäude.

Die Zeit für einen Rundgang wird mit eineinhalb Stunden angegeben, man kann locker aber auch mehrere Stunden dort verbringen, ohne dass – jedenfalls bei Erwachsenen – Langeweile aufkommt. Für die Kinder gibt es dafür am Ende zur Belohnung in der benachbarten Gaststätte, dem **Rohrerhof**, ein Eis und daneben einen **Spielplatz**.

▶ **Tipp**
Ein Highlight im Veranstaltungskalender ist der traditionelle **Kirchtag Ende September**, bei dem fast in allen Höfen Vorführungen stattfinden.

Irgendwo im Höfemuseum ist immer etwas los.

Kloster und Skulpturenpark: Mariathal

Einen malerischeren Winkel kann man sich auf diesem engen Raum – eingekeilt zwischen Brandenberger Ache und einer Felswand – eigentlich kaum vorstellen: Hier fand die Kirche Mariathal vor fast 900 Jahren ihren Platz. Und in jüngster Zeit auch der Skulpturenpark des Künstlers Alois Schild.

Aus der Geschichte: Die Gebrüder Friedrich und Conrad von Fruntsberg, denen **Schloss Matzen** gehörte, gründeten 1267 Kirche und **Kloster Mariathal**. Sie sollten Begräbnis- und Gedächtnisstätte für die Familie werden, die Gruft befindet sich tatsächlich auch noch heute im Altarraum. Für den Betrieb des Klosters holten sie Dominikanerinnen aus Bayern nach Tirol. Doch Mitte des 15. Jahrhunderts zogen die Fruntsberger nach Mindelheim in Deutschland, Kloster und Kirche fielen nun ganz an die Dominikanerinnen. Im heute sichtbaren Barockstil wurde die Kirche des hl. Dominikus nach einem Brand 1682 wiedererrichtet. Das Kloster wurde hingegen von Kaiser Joseph II. 1782 aufgelöst und nach dessen Tod nicht wieder fortgeführt. 2008 wurde die Kirche von Papst Benedikt XVI. zur „**Basilica minor**" erhoben. Neben der Kirche sind auch der **Friedhof** und der **Kalvarienberg** besuchenswert.

Nur ein Stück weiter befindet sich, gewissermaßen als Kontrastprogramm, der **Skulpturenpark** des Künstlers **Alois Schild**. Dessen wohl bekanntestes Werk ist der gelbe „Inntalengel" beim Klärwerk in Radfeld, von der Autobahn weithin sichtbar.

In Mariatal sind die Großskulpturen des Schülers von Bruno Gironcoli auf einer Fläche von 8000 Quadratmetern, eingebettet in die Natur, ausgestellt. Das Areal ist ganzjährig kostenlos zugänglich. Es gibt auch temporäre Ausstellungen und Konzerte dort. Werke von Schild sind aber auch sonst nahezu durch ganz Kramsach verstreut.

▶ **Anfahrt**
Mit ÖBB bis Bahnhof Brixlegg, von dort weiter mit Bus 4115 oder 4070. Mit dem Pkw über die A 12, Ausfahrt Kramsach. Am besten der Beschilderung nach Aschau folgen und bei der ehemaligen Sonnwendjochbahn parken. Einige Meter taleinwärts führt eine Brücke über die Brandenberger Ache direkt zur Kirche (Mariatal 11, 6233 Mariatal).
www.wallfahrtskirche-mariathal.at
www.kramsach.at/Skulpturen-park_Kramsach

▶ **Öffnungszeiten**
Das Areal ist ganzjährig kostenlos zugänglich.

Auch der Friedhof ist sehenswert.

„Es hat uns sehr gefreut":
Kaiserklamm und Kaiserhaus

▶ Anfahrt
Mit ÖBB bis Bahnhof Brixlegg, weiter mit Bus 4070. Mit dem Pkw auf der A 12, Ausfahrt Kramsach. Von Kramsach entweder über Aschau oder Brandenberg bis ans Talende. Großer, kostenpflichtiger Parkplatz.

▶ Gehzeit
Der Weg durch die Klamm dauert max. 1 Stunde.

▶ Tipp
Unbedingt Insektenschutz mitnehmen!

Die Namen Kaiserklamm und Kaiserhaus gehen angeblich auf Franz Joseph I. zurück. Der soll von den gesicherten Steigen, die durch die Klamm führen, so gern die Trift des Holzes beobachtet haben. Außerdem ging er im hintersten Brandenberg des Öfteren auf die Jagd.

Aus der Geschichte: Der **Holztrift**, also dem Transport von Baumstämmen im Wasser, verdanken wir es auch, dass es heute den **spektakulären Steig** durch die Kaiserklamm immer noch gibt. Bis ins 20. Jahrhundert wurde das Holz so transportiert. Und weil sich des Öfteren ein Stamm in der Schlucht verkeilte, mussten die Trifter über die Steige zukommen, um das Problem zu lösen – notfalls auch mit Sprengstoff. Wie gefährlich diese Arbeit war, das kann man sich bei einer **Wanderung** in die Klamm gut vorstellen.

Am Eingang fließt das Wasser der **Brandenberger Ache** freilich ganz friedlich, kaum merkbar dahin. Ein Bild, das sich aber schon nach wenigen Metern wandelt. Tief hat es sich im Laufe der Jahrtausende in den Fels gegraben und durch seine Kraft spektakuläre Formationen gebildet. Das Türkisgrün weicht an den wilderen Flussstrecken einem schäumenden Weiß. Man blickt vom Steig in die Tiefe und kann gut nachvollziehen, was Franz Joseph hier so faszinierend fand.

Aber nicht nur die Urkraft des Wassers in der ausgespülten Schlucht ist grandios. Auch der Weg, der sogar durch Tunnel verläuft und teils in den überhängenden Fels gehauen wurde, ist beeindruckend. Heute ist er gut durch Drahtseile gesichert, die Holzstege wurden durch solche aus Alu ersetzt. Besonders wenn es zuvor geregnet hat und die Steine nass und rutschig sind, ist der Steig aber nicht zu unterschätzen. Kleine Kinder sollte man vielleicht an ein kurzes Seil nehmen.

Nach etwa einer halben Stunde Gehzeit wird das Tal dann wieder weiter, die Kaiserklamm ist überwunden. An heißen Sommertagen ist hier auch ein Bad in einem der mit dem kalten, grünlich schimmernden Wasser gefüllten **Gumpen** zu empfehlen. Und weil es so schön war, nehmen wir denselben Rückweg.

▶ Einkehrtipp

Am Eingang der Kaiserklamm steht ein altes, sehr schön hergerichtetes Holzhaus – das **Kaiserhaus**. Es wurde vom Förster bewohnt und in der Regel von dessen Gattin bewirtschaftet. Auch heute gehört es noch den Österreichischen Bundesforsten. Es ist ein beliebtes Ausflugsgasthaus. Für die Kinder gibt es dort einen großen **Spielplatz**. Geöffnet sonntags, montags und donnerstags von 10.00 bis 18.00 Uhr; freitags und samstags von 10.00 bis 19.00 Uhr, Dienstag Ruhetag. Bei Dauerregen geschlossen. www.kaiserhaus.eu

Staudamm-Bauen am Ausgang der Kaiserklamm.

Ein Naturdenkmal: Schlosspark Matzen

► **Anfahrt**

Mit Bus 4119 (ab ÖBB-Bahnhof Schwaz/bis Brixlegg) oder 4074 (ab ÖBB-Bahnhof Jenbach). Mit dem Pkw auf der A 12 bis Ausfahrt Zillertal (über Strass und St. Gertraudi) oder Kramsach/Brixlegg. Parkmöglichkeit südwestlich des Schlosses. Der Parkplatz nördlich ist ausschließlich für Besucher von Gut Matzen gedacht.

Schon in der Bronzezeit war er ein Siedlungsplatz, unter den Römern wurde er zur Sicherung der Straße durch das Inntal ausgebaut und seit dem 12. Jahrhundert steht auf dem wuchtigen Felsen unweit von Brixlegg Schloss Matzen. Während man nur als zahlender Hotelgast heute in den Genuss einer Schlossbesichtigung kommt, ist der Park ringsum für die Öffentlichkeit zugänglich und ein beliebtes Naherholungsgebiet vor allem für die Brixlegger (wiewohl er zu Reith gehört).

Der **Park** ist etwa 200.000 Quadratmeter groß und gehört zu den schönsten Naturdenkmälern Tirols. Unter den großen, schattenspendenden

Bäumen lässt es sich wunderbar und durchaus auch mit dem Kinderwagen flanieren. Er beherbergt aber auch einen Tennisplatz und eine Bogenschießanlage, außerdem einen schönen Spielplatz für die Kleinen.

Im südwestlichen Teil befinden sich zwei künstlich angelegte Teiche: der Löwenteich und der Karpfenteich mit dem sogenannten Nympheum. Sie wurden von Franz Freiherr von Lipperheide in Auftrag gegeben, der Ende des 19. Jahrhunderts einen **Landschaftspark nach englischem Vorbild** anlegen ließ. Auch 40 Bäume und exotische Pflanzen stammen noch aus dieser Zeit. Der Berliner Verleger Lipperheide hätte Schloss Matzen gerne erworben, dessen irische Besitzer waren trotz unzähliger Prozesse, die er gegen sie führte, aber nicht zum Verkauf bereit. Schließlich errichtete er in der Nachbarschaft seinen eigenen Ansitz Neu-Matzen – heute **Schloss Lipperheide**. Ein Stein mit einer Büste im Park erinnert an den störrischen Unternehmer.

Wem ein Parkspaziergang zu wenig ist, der kann eine Schlösser- bzw. Burgenrundwanderung, ausgehend von Matzen, unternehmen: Schloss Lipperheide, Schloss Lichtenwerth und Ruine Kropfsberg liegen im näheren Umkreis, umgeben von den grünen Feldern des Inntales.

▶ **Einkehrtipp**
In Gut Matzen kann man vor oder nach dem Spaziergang durch den Schlosspark zum Essen oder auf einen Kaffee einkehren.

▶ **Öffnungszeiten**
Der Park ist ganzjährig rund um die Uhr bei freiem Eintritt offen. Die Wege sind kinderwagentauglich.

Im Matzenpark wurden zwei Teiche angelegt.

Bezirk Schwaz

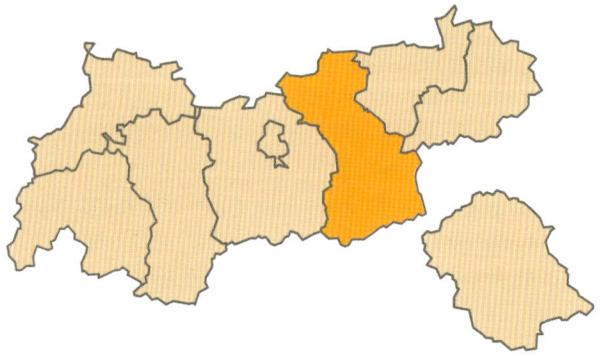

Zum Bezirk Schwaz gehört ein relativ kurzes Stück Inntal mit der Bezirkshauptstadt Schwaz sowie das Zillertal und das Achenseegebiet. Der höchste Berg des Bezirkes ist gleichzeitig auch der höchste im Naturpark Zillertaler Alpen: nämlich der Hochfeiler (3510 m).

Industrie und Gewerbe sind vor allem im Inntal, mit den Hauptorten **Schwaz** und **Jenbach**, sowie im vorderen Zillertal zu finden. Einige der bekanntesten Firmen sind der Schleifmittelspezialist Tyrolit, der Marmeladenhersteller Darbo, die Innio Jenbacher GmbH, der Holzverarbeiter Binder oder der Fahrzeugbauer Empl. Sonst sind aber sowohl das Ziller- als auch das Achental stark touristisch geprägt. Dementsprechend hoch ist auch die Dichte an Freizeitangeboten.

Das **Zillertal** ist im Winter ein Ski-, im Sommer ein Wander- und Bergsteigerparadies. Die Schwierigkeit reicht dabei von anspruchsvollen Hochtouren am Alpenhauptkamm bis zu den recht gemütlichen Grasbergen Richtung Osten. Bei **Mayrhofen** fächert sich das Haupttal in mehrere Seitentäler bzw. Gründe auf: Zillergrund, Stilluptal, Zemmgrund, Tuxer Tal. Schon bei Zell zweigt das Schwarzachtal Richtung Gerlos bzw. Salzburg ab. Und bereits bei Fügen geht es nach Westen nach Hochfügen. Nahezu endlose Möglichkeiten also zum Wandern, Mountainbiken, Klettern, Paragleiten, Raften …

Blick auf Mayrhofen im Zillertal.

Für alle, die nicht so fit sind, gibt es über das ganze Zillertal verstreut auch eine große Anzahl von Aufstiegshilfen. Oder man fährt auf „halber Höhe" der Berge an der westlichen Talseite die **Zillertaler Höhenstraße**, eine Mautstraße mit spektakulären Ausblicken, entlang. Aber Vorsicht, an manchen Stellen wird's für zwei Autos ganz schön eng. Das ist nichts für Führerscheinneulinge.

Sogar noch um ein bisschen größer ist das Freizeitangebot im **Achental**. Da gesellen sich noch Schwimmen, Segeln und Tauchen dazu. Wobei Badende schon recht abgehärtet sein müssen. Über 20 Grad hat der **Achensee** nur selten und auch nur an ausgewählten Stellen: in der seichten Bucht der Buchau etwa. Aber für alle, denen der größte See Tirols zu kalt ist, gibt es das Erlebnisschwimmbad Atoll am Südufer.

Ein ganz besonderes Eck im Achenseegebiet ist **Steinberg am Rofan**. Man sagt, es sei „das schönste Ende der Welt". Tatsächlich liegen dort einige wenige Häuser und Höfe malerisch verstreut zwischen Guffert und Rofangebirge. Seit wenigen Jahren gibt es sogar wieder ein kleines Dorfgasthaus. Dass es das Ende der Welt wäre, ist allerdings gelogen. Man kommt, wenn auch auf verschlungenen Pfaden, von dort nämlich weiter ins Brandenbergtal.

In und an der Mauer: Schlegeisstausee

▶ **Anfahrt**

Mit Bus 4102 (ab Mayrhofen), bis dorthin mit der Zillertalbahn (ab ÖBB-Bahnhof Jenbach) oder Bus 8330 (ab ÖBB-Bahnhof Schwaz). Mit dem Pkw A 12, Ausfahrt Zillertal, Mayrhofen, Ginzling, ab dem Gasthaus Breitlahner ist die Straße mautpflichtig.

Die Mautstraße ist von Mitte Mai bis Ende Oktober von 7.00 bis 18.00 Uhr offen.

131 Meter hoch, 725 Meter lang, an der Basis 34, an der Krone 9 Meter breit – das ist der Schlegeisspeicher im hintersten Zillertal. Technisch beeindruckend, in eine großartige Bergwelt eingebettet, aber auch – vielleicht etwas überraschend – sportlich anspruchsvoll.

Gebaut wurde der längste Stausee des Verbunds in den 1960er-Jahren, damals noch von den Tauern-Kraftwerken. Die reine Bauzeit – im Winter konnte nicht gearbeitet werden – betrug knapp drei Jahre, bis zu 1200 Menschen waren bei der Errichtung beschäftigt. Um den Beton und Baumaschinen rasch an die benötigte Stelle zu bewegen, wurde sogar eine Seilbahn über den Talgrund gebaut. All das, und noch viel mehr, erfährt man bei einer Führung in das Innere der Staumauer.

Bevor mit dem Bau jedoch begonnen werden konnte, musste erst einmal eine Straße errichtet werden. Heute ist sie eine **spektakuläre Mautstraße**, auf der man zum Stausee gelangt. Hätten die Erbauer damals schon geahnt, welche Attraktion der Damm einmal werden würde, sie hätten sie wahrscheinlich durchgängig zweispurig gemacht. So gibt es aber ein einspuriges Stück mit Ampelregelung. Oben angekommen, ist man erst einmal überwältigt vom An- und Ausblick. Auch der höchste Berg des Zillertales, der Hochfeiler, zeigt sich in der Ferne jenseits des türkisfarbenen Wassers.

Für Wanderlustige: Vom Parkplatz kann man in knapp zwei Stunden eine wunderbare **Wanderung** bis nach Südtirol, aufs **Pfitscher Joch**, unternehmen, zum **Friesenberghaus** oder zur **Olpererhütte** aufsteigen.

Für Adrenalinfreaks: Man kann sich aber auch an der Staumauer selbst in allen möglichen **Fun-Sportarten** üben: So gehen durch die Wand eingebohrte Kletterrouten und Klettersteige (auch für Kinder), man kann sich die 131 Meter von der Dammkrone abseilen oder mit dem Flying Fox von einer Talseite zur anderen düsen. Alles nichts für schwache Nerven.

Für alle empfehlenswert: Am günstigsten und sehr interessant ist es, in das **Innere der Staumauer** vorzudringen. Man kann nämlich (was bei der Führung allerdings nicht gemacht wird) über Treppen in der Mauer bis zu deren Grund hinuntersteigen und auf der anderen Talseite wieder hinauf. Außerdem führen vier Gänge auf verschiedenen Höhen von einer Seite der Mauer zur anderen. Gebaut zu Kontrollzwecken, werden sie heute auch als Attraktion genutzt.

▶ **Staudammführung**
Karten sind beim Bergrestaurant Schlegeis erhältlich, Zeiten laut Aushang. Die Begehung der Kletterrouten und des Klettersteiges ist kostenlos, Ausrüstung kann beim Imbiss „Rastl" direkt an der Staumauer ausgeliehen werden.
www.schlegeis131.at

▶ **Einkehrmöglichkeiten**
Bergrestaurant Schlegeis, Dominikushütte, Zamsgatterl, Zamsereck, Fischerhütte.

Die Staumauer ist bis zum Grund begehbar.

Der Natur abgetrotzt: Kulturlandschaftsweg Brandberg

▶ **Anfahrt**

Mit Bus 4100 (ab Mayrhofen), bis dorthin mit der Zillertalbahn (ab ÖBB-Bahnhof Jenbach) oder Bus 8330 (ab ÖBB-Bahnhof Schwaz). Mit dem Pkw auf der A 12, Ausfahrt Zillertal, kurz vor Mayrhofen links abbiegen nach Brandberg, nach dem Tunnel scharf rechts. In Brandberg kostenfreie Parkmöglichkeit beim Gemeindehaus.

Auf den steilen Hängen am Brandberg, hoch über Mayrhofen, haben über Jahrhunderte einige wenige Bauernfamilien der Natur Land abgerungen und bewirtschaftet. Der Kulturlandschaftsweg erzählt die Geschichte dieses hart erworbenen Brotes im Rahmen einer sehr schönen Wanderung.

Ausgangspunkt ist die Kirche des Ortes, von wo wir ein paar Schritte hinaufgehen zum Gasthaus Thanner. Dort gibt es den passenden Führer zum Kulturlandschaftsweg, der einem nicht nur zur Orientierung, sondern auch zur Erklärung der einzelnen Stationen recht hilfreich ist.

Gegenüber vom **Gasthaus Thanner** führt dann ein schmaler Steig weg, der einen gleich den steilen Hang spüren lässt. Dieser führt durch die Bergwiesen bis zu einer Straße, auf der es weitergeht bis zu einem alten Gehöft, dem „**Hanser-hof**". Man sieht den sonnengegerbten Balken und Brettern die über 500 Jahre an, die das Gebäude auf den Schindeln hat.

Weiter geht es nun bis ganz an die Kante von Brandberg. Kurz unter dem **Gasthof Steinerkogel** folgt Station 2, bei der es um das Mähen und die Futtergewinnung geht. Von der Terrasse des Gasthauses hat man einen **gewaltigen Ausblick** hinunter auf Mayrhofen, auf dessen Hausberge Ahornspitze und Penken und hinein ins Tuxertal.

Ob mit oder ohne Einkehr, weiter geht es nun entweder steil zu Station 4, dem Bergwald, oder auf der Straße zu Station 5, „Gassen". (Leider ist hier die Beschilderung etwas verwirrend.) Gassen waren steile Wege, die, links und rechts von Steinmauern oder Zäunen eingesäumt, von Hof zu Hof führten. Straßen gab es keine, das erste Auto kam erst 1954 nach Brandberg.

Ein Stück nach Station 5 zweigt der Weg wieder von der Asphaltstraße ab und führt uns – immer den Brandberger Kolm vor Augen – bis zum **Weiler Ritzl**. Auf der Strecke dorthin liegt Station 6, „Hecken". Hier wird die Wichtigkeit der Hecken als Kleinlebensraum für Vögel und Niederwild hervorgehoben. Angekommen in Ritzl, findet man die „**Schnoatleschen**" – Eschen, von denen dünnes Geäst mitsamt dem Laub abgeschnitten wurde, um die Tiere zu füttern. Die immer wieder beschnittenen Bäume prägten daraufhin Köpfe mit bizarren Astschöpfen aus.

Auf der Straße führt der Weg nun zurück nach Brandberg. Letzte Station ist schließlich die **Schrofenmühle**. Von früher vier Mühlen in Brandberg ist sie die einzige, die noch erhalten geblieben ist. Seit 1999 steht sie unter Denkmalschutz und wurde in der Folge wieder zu voller Funktionsfähigkeit restauriert.

Beim Gasthaus Thanner und der Kirche schließt sich die **Rundwanderung**.

▶ **Wegcharakter**
Gehzeit ca. 2 Stunden, außer guten Schuhen keine Bergausrüstung nötig. Vom Frühjahr bis in den Herbst eigentlich jederzeit gut zu begehen. www.mayrhofen. at/erlebnisse/region-orte/brandberg

▶ **Einkehrmöglichkeiten**
Gasthof Thanner
www.gasthofthanner.at

Eine der Stationen des Kulturlandschaftswegs.

Wenn's im Ofen knistert: Feuerwerk Fügen

▶ Anfahrt
Mit ÖBB bis Jenbach, weiter mit der Zillertalbahn bis Fügen. Vom Bahnhof ca. 20 Minuten zu Fuß. mit dem Pkw über die A 12, Ausfahrt Zillertal, Weiterfahrt auf der Bundesstraße ins Zillertal bis zur Abfahrt Fügen-Süd.

Bei Binderholz kann es schon einmal vorkommen, dass man vor lauter Stämmen das Holz nicht mehr sieht. Auf einer riesigen Fläche liegen dort oft Zehntausende sauber „geschälte" und zugeschnittene Bäume. Was mit dem Holz alles geschieht, das kann man in der dortigen Erlebniswelt erfahren.

Feuerwerk ist, wie der Name schon sagt, eigentlich ein modernes Biomasse-Heizkraftwerk. Aber in dessen Räumlichkeiten befindet sich auch die **Holz-Erlebniswelt**. In ihr wird der Weg des Holzes beschrieben: von den Setzlingen über die Bäume, die gefällt werden, bis zu Brettern oder Pellets. Der Besuch des Heizkraftwerkes ist nur mit einer Führung möglich, die vier Mal täglich stattfindet. Mittels topmodernem Audio- und Videoguide wird **Wissenswertes zu Holz** und zur

Funktionsweise des Kraftwerkes in sechs Sprachen geschildert.

Unabhängig von den Führungen kann man sich aber auch den **Film** „Der Weg des Stammes" anschauen. Er zeigt die Wichtigkeit des Waldes, der in Österreich zum Glück seit Jahren wieder wächst. Nur zwei Drittel des jährlichen Zuwachses werden wieder „geerntet", die Bäume werden also gefällt. Und hier kommt selbstverständlich Binderholz ins Spiel, das die angelieferten Stämme weiterverarbeitet. Verschwendet wird hier nichts. Selbst die Sägespäne werden noch zu Pellets und Briketts gepresst. Zuvor müssen die Späne allerdings getrocknet werden. Die Anlage bei Binder schafft sagenhafte 13 Tonnen pro Stunde! Der Film ist ein bisschen Mischung aus Universum und Firmenwerbung, aber sehr informativ.

Am Betriebssitz von Binder in Fügen werden aber auch immer wieder **Ausstellungen** und **Konzerte** veranstaltet. Im obersten Stock des Turmes befinden sich eine **Bar** und ein **Dachgarten** auf einem imposanten hölzernen Brücken-Tragwerk. Von hier hat man einen großartigen Überblick über den ganzen Holzlagerplatz.

▶ Öffnungszeiten
Mai bis Oktober von Montag bis Samstag, November bis April von Montag bis Freitag 9.00 bis 16.00 Uhr.
www.binderholz-feuerwerk.com

Warum Holz nicht gleich Holz ist, erfährt man im Feuerwerk.

„Stille Nacht" geht um die Welt: die Widumspfiste

▶ **Öffnungszeiten**
Mitte Juni bis Ende Oktober
dienstags bis freitags von 14.00
bis 17.00 Uhr.
www.hmv-fuegen.at

Zillertaler Sängerinnen und Sängern ist zu verdanken, dass „Stille Nacht, heilige Nacht" heute immer noch das Weihnachtslied schlechthin ist. Sie verbreiteten es von Russland bis in die USA. Wer wissen will, wie das zugegangen ist, der ist im Heimatmuseum in Fügen, in der sogenannten Widumspfiste, richtig.

Aus der Geschichte: Unbestritten wurde „Stille Nacht" von Josef Mohr 1816 in Mariapfarr im Lungau gedichtet und zwei Jahre später vom Lehrer und Organisten Franz Gruber vertont. Am 24. Dezember 1818 erklang es erstmals in der Pfarrkirche in Oberndorf. Doch vielleicht wäre es ein nahezu unbekanntes Lied geblieben, wenn nicht das Zillertal ins Spiel gekommen wäre: Die Orgel in der Nikolaikirche in Oberndorf streikte nämlich bald nach der Uraufführung und der Fügener Orgelbauer Carl Mauracher sollte sie reparieren. So kam er mit „Stille Nacht" in Berührung, das inzwischen mangels Orgel mit Gitarrenbegleitung gespielt wurde.

Mauracher nahm Text und Melodie mit in seine Heimat. Im Jahr 1819 wurde „Stille Nacht" dort erstmals aufgeführt, zwei Jahre später bekamen es Kaiser Franz I. von Österreich und Zar Alexander I. von Russland zu hören, die beim Grafen Dönhoff in dessen Schloss, heute als „Bubenburg" bekannt, weilten. Dargeboten wurde es ihnen von der **Sängerfamilie Rainer**, die sich vor den hohen Herrschaften hinter einem Vorhang verbarg.

Die Rainers, eigentlich Wanderhändler, sorgten für eine Verbreitung des Liedes zuerst nach Deutschland. Auch andere **Zillertaler Sängerfamilien**, die Strassers und Leos, übernahmen „Stille Nacht", und so fand es seine Verbreitung bis in die USA und nach Russland. Lange Zeit lief es sogar unter dem Titel eines echten „Tyroler Volksliedes".

Die ganze Geschichte wurde von einem Nachfahren der Ur-Rainer, Josef Argus Rainer, akribisch zusammengetragen. Von der Bevölkerung wurde er daher auch der „**Stille-Nacht-Seppl**" genannt. Sein Nachlass ist heute im **Heimatmuseum Fügen** ausgestellt. Daher ist die Widumspfiste nicht nur ein Heimat-, sondern ein echtes Stille-Nacht-Museum.

▶ **Anfahrt**
Mit ÖBB bis Jenbach, weiter mit der Zillertalbahn bis Fügen (von dort 8 Minuten zu Fuß) oder mit Bus 8330 (Haltestelle Fügen Gemeindeamt/Apotheke). Mit dem Pkw über A 12, Ausfahrt Zillertal, Weiterfahrt bis Fügen. Das Heimatmuseum befindet sich im Lindenweg 2 in 6263 Fügen.

Die Widumspfiste erzählt von den Zillertaler Sängerfamilien.

Wo die Einsiedler hausten: Maria Brettfall

▶ **Anfahrt**
Mit ÖBB bis Jenbach, weiter mit der Zillertalbahn bis Strass. Mit dem Pkw über die A 12, Ausfahrt Zillertal, nach Strass (nicht in den Tunnel einfahren!). Parkmöglichkeit im Ortsteil Astholz am Waldrand oder bei der Sportanlage.

Man fährt im Lauf der Zeit womöglich Hunderte Male auf der Inntalautobahn auf und ab, vorbei an dem kleinen Kirchlein Maria Brettfall, das auf einem Felskopf am Eingang des Zillertales steht. Zeit, einmal die Perspektive zu wechseln und von dort oben ins Inntal hinunterzuschauen.

Aus der Geschichte: Das Schwazer Bergbuch erwähnte 1536 erstmals ein Kirchlein auf dem Felskopf. Rund 100 Jahre später wurde das Gotteshaus – zuerst aus Holz, später aus Stein errichtet – ein beliebter **Wallfahrtsort**. Die heute noch bestehende Kirche wurde im Jahr 1729 geweiht. Bekannt wurde Maria Brettfall aber auch durch die Einsiedler, die neben der Kirche hausten.

Der Erste in einer langen Reihe war Stoff Weymoser, schon 1536. Kurioserweise musste der Nachfolger dem Vorgänger die Klause jeweils abkaufen. Der wohl Bekannteste war Franz Margreiter aus Alpbach, der sowohl Österreichs Kaiser Joseph II. 1786 und den Bayern ein paar Jahrzehnte später abtrotzte, dass das Kirchlein, das sie geschlossen hatten, wieder geöffnet wurde. Dafür nahm der „Brettfallfranzl", wie er im Volksmund hieß, sogar die damals weite und mühsame Reise nach Wien auf sich. Er kam bei einem Brand in der Einsiedelei ums Leben. Heute gibt es keine Einsiedler mehr, das Haus wurde in den 1960er-Jahren zu einem – sehr empfehlenswerten – kleinen Gasthaus umgebaut.

Wegverlauf: Der einfachste Weg – Gehzeit etwa 30 Minuten – führt vom Strassener Ortsteil Astholz auf einem zwar steilen, aber recht breiten Schotterweg entlang der Kreuzwegstationen nach Maria Brettfall. Ein anderer, etwas längerer, kommt von Rotholz herauf. Der Eintritt in die Kirche ist möglich, allerdings nur in den hinteren Bereich, der Rest ist durch ein Gitter abgesperrt, das für Gruppen aber geöffnet werden kann. Im Gasthaus nebenan nachfragen!

Nordöstlich des Kirchleins wurde eine **Aussichtsplattform** angelegt, von der aus man einen wunderbaren Ausblick ins Inntal, ins vordere Zillertal und hinüber ins Rofan hat. Westlich von Maria Brettfall befindet sich außerdem eine kleine **Lourdesgrotte**.

▶ **Gehzeit**
ca. 30 Minuten

▶ **Einkehrtipp**
Das kleine Gasthaus Maria Brettfall ist täglich ab 10 Uhr geöffnet.
maria.brettfall@gmail.com

Maria Brettfall ist seit dem 16. Jahrhundert beliebter Wallfahrtsort.

Mit Volldampf:
die Achenseebahn

▶ **Anfahrt**

Mit ÖBB, Zillertalbahn oder Pkw bis Jenbach. Am dortigen Bahnhof fährt auch die Bahn los. Sie nimmt gegen Voranmeldung auch Fahrräder mit.

▶ **Betriebszeiten**

Ende April bis Ende Oktober; in der Hauptsaison (Ende Mai bis Anfang Oktober) erste Bergfahrt um 10 Uhr, erste Talfahrt um 11.05 Uhr.
www.achenseebahn.at

Die Achenseebahn muss man nie lange suchen. Wenn im Sommer in Jenbach irgendwo eine dicke Rauchwolke aufsteigt, dann stehen die Chancen gut, dass die Bahn gerade in Richtung Achensee oder retour dampft. Und gerade das ist leider ihr Problem: Wegen der Rußentwicklung ist sie in die Kritik geraten, die Finanzen sind knapp und nahezu jedes Jahr droht die Einstellung. So auch kurz vor Druck dieses Buches. Daher: Die aktuelle Situation im Internet erfragen und wenn möglich unbedingt eine Fahrt mit der legendären Achenseebahn machen. Das ist Eisenbahngeschichte, die man erlebt haben sollte.

Aus der Geschichte: Im Jahr 1886 hatte ein Konsul aus dem bayerischen Kreuth eine Konzession für eine Zahnrad- bzw. Eisenbahnverbindung von Jenbach bis zur Südspitze des Achensees beantragt. Gegen den Widerstand der Bevölkerung befürwortete der damalige Besitzer des Achensees, das Stift Fiecht, das Vorhaben. Und so wurde im Jahr 1889 die Bahn feierlich eröffnet. Sie führte damals allerdings nicht ganz an den See heran, sondern endete etwa 400 Meter vor dem Ufer. Auf einer Rollbahn zum Dampfer wurde das Gepäck der Reisenden gegen extra Entgelt befördert. Die Einnahmen gingen direkt an das Stift.

Während des Ersten Weltkrieges wurde die Rollbahn allerdings entfernt und die Geleise wurden vom Militär eigenmächtig bis zur Dampferanlegestelle am Seespitz verlängert. Erst im Jahr 1926 wurde dieser „Schwarzbau" dann legalisiert. So kommt es, dass die Bahn noch heute dort endet. Zwischen den Weltkriegen, aber auch nach 1945 war die Bahn neben dem Personenvor allem für den Gütertransport wichtig. Die meisten Passagiere – nämlich 134.000 – beförderte die Bahn im Sommer 1991.

Die vier Lokomotiven waren einst nach dem Gründer, nach Finanziers und Beamten benannt. Die Namen verschwanden später. Erst 1979/83 wurden die Loks – es sind noch heute die originalen von 1889 – dann nach den Orten Jenbach, Eben und Achenkirch benannt, 2008 wurde die vierte Maschine auf den Namen Hannah getauft. Die Bahn fährt bis zur höchsten Stelle, kurz vor dem **Bahnhof Eben**, wegen des großen Gefälles mit **Zahnradantrieb**. 30 Minuten benötigt sie für diese Strecke. Dann geht es in Flachfahrt in weiteren 20 Minuten bis zur Anlegestelle der Achenseeschiffe am Seespitz.

▶ Tipps
Für Bahnliebhaber gibt es auch eigene Fahrten mit Erklärung bei Kaffee und Kuchen in Eben und einer Begehung der Bahnbauwerke talabwärts.

Der Bahnausflug lässt sich auch wunderbar mit einer **Schifffahrt** über den Achensee verbinden (siehe Tipp Nr. 32).

Bahn- und Schifffahrt lassen sich gut kombinieren.

Eine Seefahrt, die ist lustig: Achenseeschifffahrt

▶ **Anfahrt**
Mit ÖBB bis Jenbach, weiter mit
Bus 8332 oder Achenseebahn.
Mit dem Pkw über die A 12,
Ausfahrt Wiesing. Dann über die
B 181 zum Achensee. Bei allen
Anlegestellen gibt es kosten-
pflichtige Parkplätze in der Nähe.

▶ **Planmäßige Schifffahrt**
Ende April bis Ende Oktober.
https://tirolschiffahrt.com

Eine Runde auf dem Achensee, dem größten
See Tirols, ist für sich schon ein Erlebnis. Durch
die umliegenden Berge und das tiefe, glasklare
Wasser kommt es einem fast so vor, als laufe
man in einen norwegischen Fjord ein. Es lassen
sich aber auch wunderbar eine Fahrt mit Bahn
und Schiff oder eine Bergtour und eine Boots-
partie verbinden. Der Fantasie sind allenfalls
durch die Fahrpläne Grenzen gesetzt.
Schon seit 1887 wird der Achensee im Linien-
verkehr befahren. Heute verkehren während der
Sommermonate dort drei Schiffe: die MS Stadt
Innsbruck, die MS Tirol und die MS Achensee.
Wobei das letztgenannte das „Partyboot" ist.

Sieben Anlegestellen werden von den Schiffen angelaufen. Die meisten davon verbinden die Orte am Achensee: Pertisau, Achenkirch, Buchau. Besonders beliebt ist aber die Anlegestelle Gaisalm: die kann man nämlich nur zu Fuß auf einem Weg am westlichen Seeufer erreichen – oder eben mit dem Schiff.

Ebenfalls ein beliebter Anlegeplatz ist der **Achenseehof**. Der Name erinnert an ein großes Hotel, das hier früher stand, aber nach einem Brand nie wieder aufgebaut wurde. Lediglich die kleine Kapelle, die vom ersten Hotelbesitzer, dem Zillertaler Nationalsänger Ludwig Rainer (siehe Tipp Nr. 29), errichtet wurde, steht noch. Stattdessen gibt es heute den „Leuchtturm", einen kleinen Imbiss. Der versorgt die Badenden, die dort eine feine **Liegewiese** vorfinden, mit Erfrischungen und kleinen Gerichten. Wobei das mit dem **Baden im Achensee** so eine Sache ist: er wird nämlich selten über 20 Grad warm. Der Anlegeplatz ist auch für jene gut geeignet, die mit der Seilbahn ins Rofan gefahren sind und hierher absteigen. Sie kommen mit dem Boot bequem zum Ausgangspunkt zurück.

▶ **Einkehrtipp**

Die Gaisalm ist ein kleines, grünes Fleckchen inmitten der sonst steil abfallenden Flanke der Achenseeberge. Mit schönem Seeblick steht dort eine **Gastwirtschaft**, direkt hinter dem Haus gibt es für die Kinder einen tollen **Spielplatz**. Die Gaststätte öffnet und schließt im Gleichklang mit den Ausflugsbooten.

Drei Schiffe verkehren auf dem Achensee.

Steine, die Öl geben: Vitalberg Pertisau

▶ **Anfahrt**
Über Maurach nach Pertisau mit
Bus 8332 von Jenbach Bahnhof,
oder per Achenseebahn und
-schiff (siehe Tipp 31 und 32),
oder mit Pkw. Parkplätze sind
beim Museum vorhanden.

▶ **Einkehrmöglichkeit**
Panorama-Café im Vitalberg.
www.steinoel.at;
www.vitalberg.at

Seit über 100 Jahren findet Steinöl vom Achensee seine Anwendung in der Kosmetik, für Wellness und Gesundheit. Das kleine Museum im Vitalberg in Pertisau folgt der Geschichte des Öls, das aus Steinen gewonnen wird.

Aus der Geschichte: Im Jahr 1902 fand Martin Albrecht senior unweit des Platzes, wo heute das Museum steht, einen dunkelbraunen Felsbrocken, den er als **Ölschiefer** identifizierte. Er schlug einen ersten Stollen an, den er nach seiner Frau Maria benannte. Mühevoll wurde das Material vorerst händisch abgebaut. Später entdeckte Albrecht ein zweites Vorkommen auf

1500 Metern Seehöhe im abgelegenen Bächental, dessen Abbau und vor allem Transport noch mühseliger war. Dennoch blieb am Ende nach zahlreichen Schicksalsschlägen (Lawinen, Brände, der Firmengründer erblindete) der Standort im Bächental über. Noch heute wird dort von der Familie Albrecht in vierter Generation Ölschiefer abgebaut und daraus Öl gewonnen. Weiterverarbeitet wird es seit 1919 in Jenbach.

Diese Geschichte zeigt das **Museum im Vitalberg** anhand von Figurinen, Dokumenten, vielen Fotos, alten Produktmustern und einigen Maschinen. Geleitet wird man dabei von einem vollautomatischen Audioguide, der immer genau über jene Exponate erzählt, bei denen man gerade steht. Ein Film vervollständigt die Schau, ehe man dann in einem Verkaufsraum landet und Steinöl-Produkte erwerben kann.

Hinweis: Von Anfang Juli bis Anfang Oktober gibt es auch Steinöl-Wander-Exkursionen vom Achen- in das Bächental.

▶ Öffnungszeiten
Dezember bis April täglich von 10.00 bis16.30 Uhr, Mai bis November täglich von 9.00 bis 17.30 Uhr.

Das Schaubergwerk im „Vitalberg" zeigt lebensnah die Arbeit in den Bergwerken.

Ritter oder Prinzessin für einen Tag: Schloss Tratzberg

Mit Bus 4111 (von Schwaz über Jenbach) oder mit dem Pkw. Das Schloss liegt zwischen Jenbach und Stans.

Die Auffahrt vom kostenpflichtigen Parkplatz zum Schloss ist mit einem ebenfalls kostenpflichtigen Bähnchen, dem Tratzberg Express, möglich. Es führen aber auch zwei Fußwege hinauf: Einer steiler und kürzer in etwa 15 Minuten, der andere gemächlich und kinderwagentauglich, dafür aber etwas länger.

Weithin sichtbar schmiegt sich Schloss Tratzberg an den Berghang zwischen Jenbach und Stans. Man kann sich bildlich vorstellen, dass man von dort oben das ganze Inntal unter Kontrolle hatte. Und auch, dass es sich in den Wäldern und Auen ringsum – die heute Naturschutzgebiet sind – gut jagen ließ.

Aus der Geschichte: Erstmals im 13. Jahrhundert urkundlich erwähnt, nutzte Kaiser Maximilian I. die Burg, die einst hier stand, schon als Stützpunkt für seine geliebten Jagdausflüge. Als sie jedoch abbrannte, hatte er kein Geld, um sie wiederaufzubauen, und tauschte sie gegen ein Schloss der Gebrüder Tänzel. Diese waren durch den Silberbergbau reich geworden. Sie errichteten Tratzberg 1500 dreiflügelig neu. Beinahe so, wie man es heute vom Inntal aus sehen kann. Doch schon 1554 erwarb ein bayerischer Ritter das Schloss und ließ es im Renaissance-Stil umbauen und erweitern.

Durch Erbschaft kam Tratzberg 1590 in den Besitz des bekannten Augsburger Kaufmannsgeschlechts der Fugger. Das Inventar, das heute in den öffentlichen Räumen zu besichtigen ist, stammt großteils aus dieser Zeit. Nach mehreren Besitzerwechseln war Tratzberg beinahe 150 Jahre unbewohnt und dementsprechend heruntergekommen. 1847 kam es in den Besitz der Grafen Enzenberg, die es wieder herrichten ließen. Heute gehört es der Familie Goëss-Enzenberg.

Diese lebt ständig auf dem Schloss, dementsprechend kann man eigentlich nur einen kleinen Teil des Anwesens besichtigen. Dieser umfasst aber die wichtigsten und bekanntesten Räumlichkeiten wie **Fuggerstube, Habsburger-Saal** (siehe Bild links), **Königinzimmer, Kapelle und Rüstkammer**. Sie bilden auch die wesentlichsten Stilphasen des Bauwerks von der Spätgotik bis zur Renaissance ab. Erzählt wird die Geschichte der Räume und des Inventars von verschiedenen Protagonisten und -innen beinahe wie in einem Hörspiel mittels Audioguide.

Kinder bekommen einen eigenen Guide, der ihnen von Rittern, Geheimtüren, Prinzen und Prinzessinnen erzählt. Eltern und Kinder können so an derselben Führung teilnehmen. Wer es gerne noch plastischer hat und sich ganz und gar in vergangene Jahrhunderte begeben möchte, der kann die Führung auch mit einer Virtual-reality-Brille absolvieren. **Einkehrmöglichkeit** und einen **Spielplatz** gibt es nur beim Parkplatz.

▶ Öffnungszeiten
Ende März bis Anfang November täglich von 10.00 bis 16.00 Uhr; www.schloss-tratzberg.at

▶ Tipp
Es empfiehlt sich, an regnerischen Tagen das Schloss am frühen Vormittag zu besuchen, sonst können die Wartezeiten in der Hauptsaison recht lang werden. Der Besuch durch Einzelpersonen ist nämlich nicht möglich, eine rund einstündige Führung verpflichtend.

Einst war Tratzberg Jagdstützpunkt Maximilians I.

Das Tiroler Felsenkloster:
St. Georgenberg

▶ Anfahrt

Mit Bus 4111 (ab Schwaz). Mit Pkw über die A 12 Ausfahrt Schwaz, dann entweder nach Fiecht/Weng oder Stans. Dort bestehen Parkmöglichkeiten direkt am Eingang der Wolfs-klamm (gebührenpflichtig) oder beim Schwimmbad.

Alle Wege führen vielleicht nicht nach St. Georgenberg, aber mindestens drei: von kinderwagentauglich über besinnlich bis spektakulär. Aber egal auf welchem Weg man dort ankommt, das Kloster bei Stans ist sowohl von seiner Lage als auch Geschichte her beeindruckend.

Der **einfachste Weg** führt vom Parkplatz Weng bei Fiecht über eine ausgezeichnete Schotterstraße bis zum Kloster. Abgesehen vom letzten Stück ist der Weg nicht einmal steil. **Besinnlich** hingegen ist der Weg von Stans über das **Kirchlein Maria Tax** und die Kreuzwegstationen. Und spektakulär schließlich der Aufstieg durch die **Wolfsklamm** auf Stegen, Brücken und Treppen, immer das tosende Wasser des Stallenbaches unter sich. Schon 1901 wurde die Klamm touristisch erschlossen. Doch wie auch immer: Am Ende steht man vor diesem hellen, steilen Felsen, der aus dem Stallental emporragt und auf dem St. Georgenberg erbaut wurde. Bevor man endgültig oben ist, muss man über die Hohe Brücke, ein bauliches Meisterwerk aus Holz und Stein, entstanden vor über 500 Jahren!

Aus der Geschichte: Aus St. Georgenberg kamen einst die Benediktiner nach Fiecht, 2019 kehrten sie nach über 300 Jahren wieder dorthin zurück. Die erste Anlage auf dem „Heiligen Berg" entstand freilich viel früher, nämlich vor über 1000 Jahren. Rathold von Aibling hatte angeblich zuerst als Einsiedler dort gelebt, als sich ihm immer mehr Gefährten anschlossen, baute man die erste Behausung und die Kirche des hl. Georg. 1138 wurde die klösterliche Gemeinschaft, inzwischen durch Schenkungen ungemein wohlhabend, zur Benediktinerabtei erhoben. Doch Brände und Epidemien setzten den Benediktinern über Jahrhunderte immer wieder stark zu, sodass man sich schließlich entschloss, in eine etwas lebensfreundlichere Umgebung zu ziehen: 1708 wurde Kloster Fiecht bezogen. Bis die Gruppe der Benediktiner schließlich für das riesige Kloster Fiecht zu klein wurde. Da besann man sich auf seine Ursprünge zurück.

Heute ist St. Georgenberg beliebter **Wallfahrts- und Ausflugsort**. Nach dem vierten Brand wurde die Kirche im spätbarocken Stil wiedererrichtet. So sieht man sie auch heute. **Künstlerisch bedeutend** ist der Hochaltar aus dem 18. Jahrhundert mit dem geschnitzten Gnadenbild der Schmerzensmutter von 1415. Ebenso die Kanzel. Neben der Klosterkirche steht etwas oberhalb des Felsens auch noch die **Lindenkirche** (eigentlich Maria unter der Linde). Sie ist nicht immer geöffnet, ein Schlüssel kann aber im Wallfahrtsbüro geholt werden.

▶ **Gehzeiten**
Über Maria Tax bzw. durch die Wolfsklamm bis St. Georgenberg jeweils ca. 1,5 Stunden, über den „Normalweg" von Stans ebenfalls 1,5 Stunden, vom Parkplatz Weng ca. 1 Stunde. Der Abstieg ist bei allen Varianten um ca. 30 Minuten kürzer als der Aufstieg.

▶ **Einkehrtipp**
Neben seelischer bekommt man in St. Georgenberg im dortigen **Wallfahrtsgasthaus** auch leibliche Nahrung. Von der Terrasse hat man einen **fantastischen Blick** auf das Stallental und die gegenüberliegenden Berge. Und auch ins Inntal sieht man hinaus.

▶ **Öffnungszeiten**
Die Wolfsklamm ist je nach Witterung von April bis Ende Oktober geöffnet, das Wallfahrtsgasthaus (St. Georgenberg 181, 6135 Stans) ganzjährig täglich von 9.00 bis 17.00 Uhr. www.wallfahrtsgasthaus-st-georgenberg.at, www.st-georgenberg.at

Schwaz

Die Hauptstadt des gleichnamigen Bezirkes hat derzeit knapp 14.000 Einwohner. Reich wurde die Stadt durch den **Silberbergbau**. Und dieser Reichtum ist durchaus auch heute noch in und an vielen Häusern der Altstadt gut sichtbar. Etwa im **Palais Enzenberg** oder dem **Fuggerhaus**. Auch hat Schwaz mit der **Pfarrkirche** die größte Hallenkirche Tirols. Ebenfalls unbedingt sehenswert ist das **Franziskanerkloster** mit seinem Kreuzgang und der Bemalung von 1515. Die meisten dieser Gebäude liegen in der oder rund um die Fußgängerzone in der Franz-Josef-Straße.

Einladend – die Franz-Josef-Straße mit der Pfarrkirche.

Besichtigt werden kann auch ein kleiner Teil des **Silberbergwerkes** (siehe Tipp Nr. 36) mit Hunderten Kilometern an Stollen. Nach dem Niedergang des Silberbergbaues durch die Entdeckung großer Lagerstätten in der „Neuen Welt" wurde ein wirtschaftliches Standbein von Schwaz die Tabakfabrik. Nach deren Schließung lag das Areal lange Zeit brach, ehe dort ein Einkaufs- und Veranstaltungszentrum, die **Stadtgalerien**, errichtet wurde.

Über der Stadt auf einem Felsen thront die **Burg Freundsberg**, die einerseits aus dem markanten Turm, dem Bergfried, andererseits aus der

Burg Freundsberg – hier befindet sich das Museum der Stadt Schwaz.

Schlosskirche im Renaissance-Stil besteht. Freundsberg beherbergt das **Heimatmuseum**, aber auch ein Restaurant. Es ist vom Stadtzentrum in rund 15 Minuten zu Fuß erreichbar.

Der Hausberg der Schwazer ist das **Kellerjoch** (2344 m). Lange Zeit war er von der Stadt aus mit einem Lift erreichbar. Inzwischen geht die Kellerjochbahn nur mehr von Grafenast bis zum Hecherhaus (1900 m). Von dort geht es zu Fuß auf die Kellerjochhütte und weiter auf den Gipfel, auf dem sich eine weithin sichtbare Kapelle befindet. Ein beliebtes Ausflugsziel ist auch das **Gasthaus Loas**, das man über einen gebührenpflichtigen Forstweg erreicht. Die riesigen Schnitzel dort sind im ganzen Land legendär.

Steinreich:
Silberbergbau Schwaz

▶ **Anfahrt**

Mit den Regiobussen 1 oder 2 vom ÖBB-Bahnhof Schwaz oder der Stadtmitte, mit dem Pkw über A 12, Ausfahrt Schwaz. Im ersten Kreisverkehr in Schwaz und in den folgenden immer Richtung Wörgl, erst beim Gewerbegebiet nach dem Ortsende von Schwaz rechts abbiegen bis zu den kostenlosen Parkplätzen.

In der modernen Stadt Schwaz deutet in der Landschaft nichts mehr auf den Silberbergbau hin. Und selbst wenn man unmittelbar vor dem Eingang ins **Schaubergwerk** steht, ist es ein recht bescheidenes Loch, das da ins Erdinnere führt. Unvorstellbar, dass dies im Mittelalter das größte Silberbergwerk der – damals bekannten – Welt gewesen sein soll. Ebenso unvorstellbar, dass die Knappen im Lauf der Jahrhunderte ein Stollensystem mit der sagenhaften Länge von über 500 Kilometern gegraben haben. Oder dass bei Hochbetrieb 1200 Männer (und Kinder) gleichzeitig im Bergwerk gearbeitet haben.

Einen Begriff von den Ausmaßen bekommt man schon, wenn man mit der **Grubenbahn** durch den 1491 angeschlagenen Sigmund-Erbstollen einfährt. Er ist über zwei Kilometer lang und die Knappen brauchten 26 Jahre, um ihn zu vollenden. Von dessen Ende aus verzweigen sich dann die Stollen, aus denen Silber und Kupfer gefördert wurde. Da Menschen in der beginnenden Neuzeit deutlich kleiner waren als heute, heißt es für viele Besucher „Kopf einziehen!". Dennoch wird der eine oder andere froh um den Helm sein, wenn die Führung vorüber ist. Und auch um den silbernen Regenmantel, denn es tropft permanent von der Decke.

Beeindruckendste Station des Rundganges ist die sogenannte **Schwazer Wasserkunst**: Als die Knappen begannen, unter die Talsohle zu graben, bekamen sie zusehends Probleme mit dem Wasser. Selbst Hundertschaften von Wasserknechten konnten es irgendwann nicht mehr aus den Stollen bringen. Das Problem wurde erst durch die Erfindung des Salzburger Werkmeisters Wolfgang Loyscher gelöst. Er baute ein doppeltes „Mühlrad", das in beide Richtungen beweglich war. Es trieb über ein Umlenkgestänge einen Mechanismus an, über den mit ledernen Kübeln das Wasser aus den unter der Sohle gelegenen Stollen geholt wurde. Über den Sigismund-Erbstollen rann es dann ab. Heute ist der 10 Meter hohe und tonnenschwere Nachbau eines solchen Rades zu bewundern.

Aber auch die anderen Stationen sind beeindruckend: der Weg von Hammer und Meißel zur Sprengung etwa. Oder der Blick auf eine noch vorhandene Silberader. Ein simulierter Wassereinbruch bringt einem auch die Gefahren wieder ins Bewusstsein, die im Bergbau ständig anwesend waren und sind. Da ist man am Ende schon froh, heil wieder aus der Grubenbahn steigen zu können. „Glück auf!"

▶ **Öffnungszeiten**
Mai bis September täglich von 9.00 bis 17.00 Uhr; Oktober bis April täglich von 10.00 bis 16.00 Uhr. www.silberbergwerk.at

▶ **Tipp**
Wer von den Tiefen des Schwazer Bergbaus in die unendlichen Weiten des Weltalls wechseln will, der muss vom Stollenausgang nur über die Straße gehen. Dort steht das **Planetarium**, ein Weltraumkino (Alte Landstraße 15, 6130 Schwaz, www.planetarium.at).

500 Kilometer Stollen ziehen sich durch den Berg.

Volkskultur mal anders: Museum der Völker

► **Anfahrt**

Mit ÖBB bis Bahnhof Schwaz, dann mit Bus 2 bis Haltestelle Friedhof, von dort 2 Minuten zu Fuß. Mit Pkw über die A 12, Ausfahrt Schwaz, im ersten Kreisverkehr Richtung Jenbach, im Kreisverkehr bei Hofer und Interspar nach Süden abbiegen, dann dem Straßenverlauf folgend, bis man beim Museum der Völker (St. Martin 16, 6130 Schwaz) ankommt. Parkmöglichkeit beim städtischen Friedhof.

Viele Museen in Tirol beschäftigen sich mit heimischer Volkskultur in all ihren Facetten, aber nur ein Haus widmet sich fremden Völkern, deren Religion und Gebräuchen: das Museum der Völker in Schwaz.

Motor des Museums war lange Jahre der Fotograf und Journalist Gert Chesi, der von seinen Reisen in alle Welt Filme, Fotos, aber auch Kunst- und Kultgegenstände mitbrachte. 1995 gründete er einen Museumsverein und eröffnete das damalige „Haus der Völker", in dem er vor allem seine **Sammlung aus Afrika und Südostasien** ausstellte. 2013 wurde das durch das Land Tirol und die Stadt Schwaz neu errichtete Museum der Völker (MdV) eröffnet. Im Jahr 2016 schließlich schenkte Chesi an die 900 Objekte und 600 Bücher der Stadt Schwaz.

Die Sammlung Chesi bildet neben der Sammlung Huber heute den Grundstock für alle Ausstellungen, die im Museum der Völker gezeigt werden. Je nach Thema werden aber auch Exponate von anderen Institutionen geliehen, die Zusammenarbeit mit Forschungseinrichtungen im In- und Ausland wird gepflegt.

Zuletzt gab es keine Dauerausstellung mehr, sondern mehrere **Sonderausstellungen** gleichzeitig. Das ist natürlich ein guter Grund, das Museum der Völker immer wieder zu besuchen. Es ist kein Haus mehr, das man einmal gesehen und damit abgehakt hat.

Tipp: Der Anspruch der Ausstellungen ist recht hoch, es empfiehlt sich daher, eine Führung mitzumachen, die jeden Sonntag um 14 Uhr stattfindet. Führungen mit Gruppen sind nach Voranmeldung möglich, auch außerhalb der Öffnungszeiten.

► **Öffnungszeiten**
Donnerstag bis Sonntag von 10.00 bis 17.00 Uhr (letzter Einlass ins Museum um 16.00 Uhr).
www.museumdervoelker.com

Ob afrikanische Schutzgeister (links) oder Buddhafiguren aus Südostasien: Die Themen der Ausstellungen wechseln regelmäßig.

Himmelskörper mitten im Wald: Planetenweg

▶ **Anfahrt**
Mit ÖBB bis Haltestelle Pill-Vomperbach. Mit dem Pkw über A 12, Ausfahrt Vomp, im Kreisverkehr Richtung Terfens, bei der Firma Lang links, nach 100 Metern rechts nach Vomperbach-Forchat, dann links und noch einmal links zur Christuskirche. Dort befinden sich kostenfreie Parkplätze.

Unser Sonnensystem steckt in einem Föhrenwald zwischen Vomperbach und Terfens. Allerdings benötigt man nicht Lichtjahre für eine **Wanderung durch die Galaxis**, sondern nur eine Stunde. Der Planetenweg bzw. -lehrpfad macht's möglich.

Die Sonne und neun Planeten haben maßstabsgerecht die richtige Größe zueinander, es stimmt aber auch – ebenfalls im Maßstab – die Entfernung der Himmelskörper zueinander. Die Planeten bestehen meist aus Stahlkugeln, versehen mit einer kurzen Erklärung.

Gleich nach Beginn der Wanderung kommt man zur Sonne mit einem Durchmesser von vier Metern, Pluto, der kleinste Planet auf dem Weg, hat hingegen nur einen Durchmesser von vier Zentimetern. Während man die Sonne und Pluto vom Parkplatz aus rasch erreicht, muss man zum Uranus schon ein ganzes Stück gehen. Aber auf den flachen Wanderwegen ist das kein Problem, die sind auch für Kinderwagen-Raumschiffe recht gut befahrbar.

Ein Teil des Weges, ungefähr bis zur Venus, führt aber leider neben der Autobahn der Erdbewohner mit ihren Pkw und Lkw vorbei. Die Erde liegt auch direkt am Gartenzaun von Menschen und die Venus neben dem Obstgarten von Erdlingen. **Tipp:** Ein Spaziergang auf dem Planetenweg lässt sich übrigens gut mit einem Besuch im „**Haus steht Kopf**" in Terfens verbinden. Das befindet sich nur wenige Fahrminuten entfernt im Gewerbegebiet Vomperbach (Stublerfeld 1, 6123 Terfens). Dort wurde ein Haus samt Einrichtung einfach auf das Dach gestellt. Außerdem befindet sich dort ein **Dino-Land**.

▶ **Öffnungszeiten**
Der Planetenweg ist das ganze Jahr über begehbar und frei zugänglich.

▶ **Gehzeit**
Für den Spaziergang braucht man etwa eine Stunde.

Die Himmelskörper sind auf dem Planetenweg maßstabsgetreu dargestellt.

Bezirke Innsbruck und Innsbruck-Land

Der Bezirk gruppiert sich um die **Landeshauptstadt** (siehe Seite 142/143) und ist mit 65 Gemeinden der gemeindereichste und flächenmäßig fünftgrößte Österreichs. Er umfasst das mittlere Inntal, das Wipptal mit seinen Seitentälern, das Sellraintal und das Seefelder Plateau. Viele Gemeinden im Mittelgebirge westlich und östlich von Innsbruck, aber auch die sogenannten MArThA-Dörfer (Mühlau, Arzl, Thaur, Absam) sowie Völs, Kematen und Zirl bilden den „Speckgürtel" um Innsbruck. Von dort pendeln sehr viele Bewohner zur Arbeit in die Landeshauptstadt. Größter Ort ist die Marktgemeinde **Telfs** mit fast 16.000 Einwohnern, gefolgt von **Hall** (knapp 14.000, siehe Seite 104/105) und **Rum** (9300). Erst an fünfter Stelle kommt **Wattens** (8000).

Aufstiegshilfen auf die Berge findet man in Tulfes, im Stubaital, in Steinach, in Mutters und in der Axamer Lizum, am Rangger Köpfl, sowie in Seefeld und im Kühtai. Speziell die meisten Seitentäler des Wipptales (das Obernberg-, Gschnitz-, Schmirn- und Navistal sowie das Valser Tal) sind aber sehr ursprünglich geblieben. Ebenso das Lüsenstal im Sellrain oder das Oberbergtal im Stubai. Hier findet sich noch Bergeinsamkeit auf vielen Gipfeln, urige Almen und moderne Schutzhütten garantieren eine nette Einkehr.

Ein Kleinod östlich von **Absam** (siehe Seite 108) ist die **Hinterhornalm**, die man über eine Mautstraße erreicht. Sie ist auch beliebter Startpunkt

Blick von der Nockspitze auf das Inntal mit Innsbruck.

für Hängegleiterpiloten. Von dort gelangt man in kaum 30 Minuten auf die idyllische **Walderalm** und befindet sich plötzlich vor einer Kulisse der eindrucksvollsten Karwendelberge. Oder man genießt bei einem Knödel – und die sind riesig – den Ausblick auf die andere Seite des Inntales in die Tuxer Alpen.

Spektakulär ist auch der Blick auf Zirl und Kematen von der **Martins-grotte** aus. Die kann man über einen Klettersteig erklimmen oder über einen neu errichteten Steig von Zirl aus. Hier soll Kaiser Maximilian I. auf seine Retter gewartet haben, als er sich bei der Jagd verstiegen hatte. Denn tatsächlich liegt das ehemalige Jagdschloss Martinsbühel, dessen jüngste und unrühmliche Vergangenheit als Kinderheim gerade durch eine Kommission aufgearbeitet wird, fast zum Greifen nahe unter der Grotte.

Von Jägern ganz anderer Art erzählte hingegen der Schriftsteller Ludwig Ganghofer: von Wilderern. Über ihn erfährt man mehr im **Gang-hofermuseum** (www.leutasch.at/kulturhaus-ganghofermuseum/) in der Leutasch. Und das passende Gelände für seine schaurigen Ge-schichten hat man auch gleich vor der Nase. Beispielsweise das roman-tische Gaistal, das bis nach Ehrwald reicht. Mit dem Rad ist die Strecke keine Hexerei. Aber da bewegen wir uns schon im Bezirk Imst bzw. Reutte.

Glitzernde Illusionen: Swarovski Kristallwelten

Als 1995 nach einer Idee von André Heller die Kristallwelten bei Swarovski in Wattens entstanden, rechnete wohl niemand damit, dass diese Idee so einschlagen würde: Die Mischung aus glitzernden Illusionswelten, Jahrmarkt, manchmal auch Geisterbahn, zog seither über 15 Millionen Besucher an.

Natürlich kommen überwiegend ausländische Gäste in die Kristallwelten, aber auch als Einheimischer kann man sich die glitzernde **Wunderwelt im „Riesen"** ruhig einmal anschauen. Man wird sich über das eigene kindliche Staunen, den offenen Mund, die Freude wundern.

Schon der Eingang in den „Riesen" mit seinen glitzernden Augen, aus dessen Mund ein Wasserfall quillt, ist beeindruckend. Hinter dem Drehkreuz beginnen auch gleich die Wunderwelten – sie wurden im Lauf der Jahre mehrfach erweitert: Glitzerndes von Andy Warhol und Keith Haring, das schaurig-skurrile „Mechanical Theatre", vor allem aber der berühmte Kristalldom, in dem sich die Besucherinnen und Besucher Hunderte Male widerspiegeln. Da kann einem schon schwindlig werden. Ganz der Zeit entsprechend, gibt es in den meisten Räumen einen markierten Punkt, an dem sich die besten Selfies machen lassen.

Andere Teile der Ausstellung haben einen ausgesprochen meditativen Charakter: So etwa die Videoinstallation „La Primadonna Assoluta" einer Aufführung von Sopran Jessie Norman, gepaart mit einem riesigen Bergkristall. Auch den eisig glitzernden Christbaum kann man sich lange anschauen und dabei ein bisschen in Winterstimmung kommen. Selbst bei 30 Grad vor der Tür. Doch irgendwann haben leider auch Wunderwelten einen Ausgang. In diesem Fall führt er durch den riesigen, edlen **Swarovski-Shop**.

Wunderbar entspannen lässt sich auch im **Garten**: blauer Himmel, Sonne und glänzende Kristallwolken spiegeln sich in einem großen Wasserbecken wider, im Hintergrund ruhige, säuselnde Musik, während man in einem Liegestuhl im Gras liegt. So entstehen Tagträume. Auch eine **römische Ausgrabung**, ein **Alpengarten** und eine **Aussichtsplattform** finden sich im Freigelände wieder.

Speziell für Kinder: Auch Kindern wird es in den Kristallwelten nicht fad. Sie haben ein großes **Spielareal im Freien**, aber auch einen großen **Play-Tower** (ab vier Jahren mit volljähriger Begleitperson), wo sie bei jedem Wetter herumturnen können. Für Groß und Klein spannend sind auch das **Labyrinth** in Form einer Hand und das **Karussell**.

▶ **Gastronomie**
Daniels Kristallwelten (täglich geöffnet von 8.30 bis 22.00 Uhr), Kristallbar, Hot-Dog-Stand „Dicker Bus".
www.kristallwelten.swarovski.com

▶ **Hinweis**
Während des ganzen Jahres finden in den Kristallwelten auch Veranstaltungen für fast alle Geschmäcker statt: Musik im Riesen, Lichterfest, Familientag …

Alles glitzert und leuchtet in den Kristallwelten.

Rätische Vergangenheit: Himmelreich Wattens

▶ Anfahrt

Mit dem Pkw auf der A 12, Ausfahrt Wattens. Das Himmelreich erreicht man am schnellsten (10 Min.) von einem kleinen Parkplatz in der ersten Kurve des Vögelsbergweges. Es ist aber auch von der Marienkirche in Wattens und vom Campingplatz Volders aus jeweils in ca. 20 Min. Gehzeit auf beschilderten Wegen zu erwandern.

Auf einem unscheinbaren Hügel zwischen Wattens und Volders wurde in den 1950er-Jahren die am besten erhaltene rätische Siedlung Tirols, im Volksmund „Himmelreich" genannt, gefunden. Auch heute noch hat dieser Platz etwas Magisches.

Nach einem kurzen Spaziergang von der ersten Kurve des Vögelsbergweges durch den Wald gelangt man über Stufen auf einen Hügel, der mit einer Mauer umgeben ist. Verteilt über den Platz erkennt man die Fundamente von Häusern, die in den Stein gehauen wurden. Rund 400 vor Christus entstand hier eine **rätische Siedlung**, vermutlich einer lokal wichtigen Persönlichkeit und von deren Gefolge. Durch das Vordringen der Römer in das Inntal wurde der Platz vorerst aufgegeben und verfiel oder wurde zerstört. Später wurde er jedoch vermutlich während der Römerzeit bis 400 nach Christus noch einmal teilweise besiedelt.

Um eine Vorstellung von der Größe der Häuser zu haben, wurden Eisenstangen aufgestellt, die die Kubatur verdeutlichen sollen. Auf den zahlreichen **Schautafeln** wird plastisch dargestellt, wie die Gebäude vermutlich einmal ausgesehen haben. Man kann sie sich eigentlich wie ein Tiroler Almdorf vorstellen: Grundmauern aus Steinen, die Aufbauten aus Holzstämmen. Die umgebende Mauer mit Palisaden wurde mit besonderem Geschick errichtet, teilweise wurden sogar Podeste angelegt, um ein Abrutschen zu verhindern. Und noch eine Besonderheit hat die Siedlung: eine über zehn Meter tiefe **Regenzisterne**, einen Brunnen also, der die Bewohner der Siedlung mit Wasser versorgte. Auch diese ist heute noch zu sehen.

Erforscht wurde das „Himmelreich" von 1953 bis 1955. Etwas tiefer, dort, wo heute ein Spielplatz liegt, dürfte früher ein **Brandopferplatz** gewesen sein. Durch einen Steinbruch wurde er zwar zerstört, wohl aber wurden zwischen 1932 und 1948 zahlreiche Funde dort gemacht, die die Theorie vom Kultplatz bestätigen.

Hinweis: Die zahlreichen Funde, die in den Häusern am Himmelreich und beim Brandopferplatz gemacht wurden, können heute teilweise im kürzlich neu und modern gestalteten **Museum Wattens** (MuWa) besichtigt werden. Ein Besuch des MuWa lohnt sich aber übrigens nicht nur wegen der Exponate vom Himmelreich.

▶ **Öffnunsgzeiten Museum Wattens**
Dienstag bis Sonntag von 10.00 bis 17.00 Uhr. Das Museum befindet sich an der Kreuzung Kirchplatz – Innsbrucker Straße.
www.museum-wattens.com

Die Funde vom Himmelreich befinden sich im Museum Wattens.

Hall

Hall liefert sich mit Schwaz ein Kopf-an-Kopf-Rennen um die Position der drittgrößten Stadt Tirols mit knapp 14.000 Einwohnern. Und während Schwaz seine Bedeutung durch den Silberbergbau erlangte, bekam sie Hall dadurch, dass es dieses zu Münzen prägte (siehe Tipp Nr. 41). Vor allem aber auch durch den Abbau des „weißen Goldes", des Salzes. Auf das Salz geht auch die Gründung der Stadt und ihr Name zurück. 1232 wurde sie erstmals urkundlich erwähnt als „Saline im Inntal nahe der Burg Thaur". Hall als Name tauchte erstmals 1256 auf. Im 15. und 16. Jahrhundert gehörte die Stadt zu den bedeutendsten im Habsburgerreich.

Der Haller Münzerturm.

Der Wohlstand, den das Salz und die Münzprägung Hall brachten, den sieht man der Stadt auch noch heute an. **Prächtige Bürgerhäuser**, die im Laufe der letzten 30, 40 Jahre oft großzügig restauriert wurden, zieren das Zentrum. Die Haupteinkaufs- und Flanierzonen sind der **Obere und Untere Stadtplatz** und der Lange Graben, die Straße, die beide verbindet. Aber auch in den Seitengassen befinden sich zahlreiche Geschäfte und Gastronomie. Tote Winkel gibt es im Zentrum kaum. Am Oberen Stadtplatz befindet sich das **Rathaus**, dessen Saal gern für Trauungen verwendet wird. Praktischerweise gleich gegenüber steht die **Pfarrkirche St. Nikolaus**. Der gotische Bau wirkt innen etwas düster. Das liegt daran, dass die Erweiterung auf drei Schiffe, die im 14. Jahrhundert stattfand, räumlich nach Süden begrenzt war. Daher ist das Presbyterium abgeknickt und bestimmt sehr stark den Lichteinfall. Im nördlichen Seitenschiff befindet sich die

Hall ist bekannt für seine malerische Altstadt.

sogenannte Waldaufkapelle mit mehreren Reliquienschreinen. An der Außenwand sind zahlreiche Grabtafeln angebracht. Viele der Verstorbenen waren entweder führende Persönlichkeiten im Salzbergbau oder aber Angehörige des Damenstiftes. Außerdem erinnert eine Tafel an Joseph Speckbacher (ein bronzenes Denkmal von ihm steht beim Kreisverkehr vor dem Stadtgraben), einen der Anführer des Freiheitskampfes von 1809. Der Obere Stadtplatz ist auch sehr häufig **Schauplatz von Märkten und Festen**. Die Haller sind darin beinahe Weltmeister. Die Saison beginnt mit dem Radieschenfest im Frühjahr und endet mit dem Christkindlmarkt. Bei diesem werden die umliegenden Häuser bunt angestrahlt zu einem Adventskalender.

In einem Eck des Oberen Stadtplatzes, etwas versteckt, liegt schließlich noch das **Bergbaumuseum** (Fürstengasse 1). Wer es nicht bis ins **Halltal** (siehe Tipp Nr. 42) schafft, kann sich hier einen Einblick verschaffen. Oder als Ergänzung zur Wanderung.

Südwestlich des Zentrums befindet sich das ehemalige **Salzlager** der Saline. Es dient heute als Aufführungsort für Konzerte oder Theaterstücke.

Der Geburtsort des Dollars: Münze Hall

▶ Anfahrt
Hall ist mit Bahn oder Bus (z. B. 4169) leicht zu erreichen. Mit Pkw über die Inntal-Autobahn, Ausfahrt Hall. Gebührenpflichtiger Parkplatz unmittelbar bei der Münze (Hinweis: Der Parkplatz ist teilweise rasch voll!).

Gleich neben der Innbrücke wird das Haller Wahrzeichen sichtbar: der Münzerturm. Über Jahrhunderte war er Wächter über Geld und Salz. Heute wird im Münzmuseum die Geschichte des Guldiners, des Urvaters des Dollars, erzählt.

Die Münze wurde 1477 von Meran nach Hall verlagert und blieb über mehr als 330 Jahre eine zentrale Prägestätte im Alpenraum. Erst 1809 wurde sie unter den Bayern aufgelassen und 1975, vor den 2. Olympischen Spielen in Innsbruck, für elf Jahre wieder reaktiviert. Diese historische und technische Entwicklung lässt sich im **Münzmuseum**, das in einem Teil der **Burg Hasegg** untergebracht ist, sehr ansprechend nachvollziehen. Herzstück der Schau ist der Nachbau einer hölzernen Walzprägemaschine, die mit Wasserkraft angetrieben wurde. Mit deren Einführung 1571 wurde die Prägung mit dem Hammer, die bis dahin üblich war, obsolet. Ein Film zeigt auch die Geschichte des Dollars, die in Hall ihren Ursprung nahm. Ließ doch Erzherzog Sigismund „der Münzreiche" 1486 den ersten Guldiner prägen, eine streng genormte Silbermünze, die den Wildwuchs an kleinen, oft minderwertigen Geldstücken beenden sollte. Die Münzreform hatte Erfolg, der Guldiner erwarb sich einen hervorragenden Ruf und wurde später auch in Joachimsthal (heute Jáchymov/Tschechien) geprägt. Die dortige Münze wurde Joachimsthaler, später nur mehr T(h)aler genannt. Als sie über Spanien nach Südamerika gelangte, wurde aus dem Taler ein Dolar und aus diesem schließlich der Dollar der USA.

Imposant ist der **Münzerturm**, den man wahlweise auf der engen, alten oder einer breiten, modernen Wendeltreppe erklimmen kann. Auf der neuen findet übrigens auch jährlich der berühmte Turmlauf statt. Vor einigen Jahren wurden auch wieder Turmfalken angesiedelt, deren Auswilderung man in einem Video auf etwa halber Höhe sehen kann. Von den Obergeschoßen bietet sich schließlich ein großartiger **Ausblick** auf die Gegend, vor allem aber auf die Haller Altstadt, das Damenstift, die Pfarrkirche … Per Computer kann man sich auf der zweithöchsten Ebene auch die Bauweise des Turms anschauen und animiert einen Flug über die Wendeltreppe machen (hinauf, nicht hinunter!).

Auf dem Rückweg schaut man dann noch bei der **Haller Stadtarchäologie** vorbei, die in ein paar Vitrinen interessante Stücke ausgestellt hat: etwa Erzeugnisse aus der bedeutenden, aber weitgehend unbekannten Haller Glashütte. Und mit Glück kann man den Archäologinnen und Archäologen auch bei der Arbeit zusehen. Durch eine Glasfront sieht man nämlich in deren Büros.

▶ **Öffnungszeiten**
Burg Hasegg (Burg Hasegg 6, Hall): April bis Oktober, Dienstag bis Sonntag 10.00 bis 17.00 Uhr; November bis März, Dienstag bis Samstag 10.00 bis 17.00 Uhr.
www.muenze-hall.at

Hall war bei der maschinellen Prägung von Münzen viele Jahre weit voraus.

Salzbergbau im Halltal und Gemeindemuseum Absam

▶ Anfahrt

Mit Bus 502 oder 503 (bis Haltestelle Bettelwurfsiedlung). Mit dem Pkw über die A 12, Ausfahrt Hall, über den Stadtgraben und die Salzbergstraße bis zum Parkplatz am Taleingang.

▶ Einkehrmöglichkeit

Alpengasthaus St. Magdalena, geöffnet ca. Mitte Mai bis Ende Oktober (je nach Schneelage), montags Ruhetag

Kaum ein Tal vereint Naturschönheit und Geschichte so wie das Halltal. Umgeben von steilen Felswänden finden sich dort die Überreste von rund 700 Jahren Salzbergbau.

Seit die Straße aus Sicherheitsgründen für den allgemeinen Verkehr gesperrt ist, bleibt einem nichts übrig, als sich das Halltal zu erwandern. Am Eingang befindet sich ein großer, kostenfreier Parkplatz, von dem man losstartet. In der Hochsaison besteht aber auch die Möglichkeit, von dort ein regelmäßig verkehrendes Taxi zu nehmen. Auf einer Tafel stehen die Telefonnummern der Taxiunternehmen, die ins Halltal fahren dürfen.

Die erste Etappe der Wanderung führt bis **St. Magdalena**. 1441 als Einsiedlerklause gegründet, entwickelte sie sich später zum Kloster, das bis zur Aufhebung durch Kaiser Joseph II. im Jahr 1782 bestand. Heute ist St. Magdalena ein **Alpengasthaus**, die barocke Kirche kann aber immer noch besichtigt werden und wird gerne für Bergmessen genutzt.

Auf dem Weg nach St. Magdalena benutzt man am besten den **Fluchtsteig** – so benannt, weil er den Bergleuten im Winter auf dem Weg vom und zum Salzabbau ein wenig Schutz vor den Lawinen vom Bettelwurf bot. Wie gefährlich der Anstieg ins Halltal war, davon zeugen die zahlreichen **Marterln**, die an verunglückte Jäger und Bergleute erinnern. Auch an einer von drei **Ladhütten** kommt man auf diesem Weg vorbei. Hier wurden Güter umgeladen. Das Salz wurde aus dem Berg gespült und rann als Sole durch Holzrohre ins Tal. Deren Überreste kann man zum Teil noch sehen.

Von St. Magdalena geht es in einer zweiten Etappe dann ins Gebiet der eigentlichen Stollen und zu den **Herrenhäusern**. Dort wohnten ursprüng-

▶ **Gehzeit**
Bis zu den Herrenhäusern geht man etwa 2 Stunden. Für die gesamte Runde benötigt man je nach Tempo etwa 4,5 bis 5 Stunden. Der Höhenunterschied zwischen Parkplatz und Issjoch beträgt rund 900 Meter. Je nach Schneelage ist die Tour von Mai bis in den Spätherbst möglich.

Früher war St. Magdalena Kloster, heute ist es ein Gasthof.

Das Absamer Gemeindemuseum im alten Kirchenwirt bietet immer wieder interessante Veranstaltungen zur Lokalgeschichte.

▶ **Kulturtipp**
Nach der Wanderung oder auch als eigenes Ziel empfiehlt sich ein Besuch des **Gemeindemuseums in Absam** (Walburga-Schindl-Straße 31). Freitags von 18.00 bis 20.00 Uhr sowie samstags und sonntags von 14.00 bis 18.00 Uhr. Der Eintritt ist kostenlos!
https://absammuseum.at//

lich nur – wie der Name schon sagt – die sogenannten Herren, die hohen Verwaltungsbeamten des Salzbergbaus, der bis 1967 betrieben wurde.

Im Katastrophenwinter 1999 wurde ein Eck der Herrenhäuser von einer Lawine weggerissen und danach nur notdürftig repariert. Das dortige Gasthaus wurde zwar wenig später geschlossen, vor der kleinen Kapelle steht zuweilen aber eine Kiste Bier, aus der man sich für einen kleinen Obolus bedienen kann.

Den Weg setzt man fort, vorbei an zahlreichen **Stollen**, händisch kunstvoll aufgehäuften Lawinenschutzkegeln aus Steinen und weiterer Bergmannshäusern, bis man den höchsten Punkt, das **Issjoch**, erreicht hat. Vor dort ist der Rückweg nach St. Magdalena am schönsten über den **Issanger**.

Absam ist nicht nur geographisch – das Halltal liegt auf seinem Gemeindegebiet – dem Salzbergbau im Halltal eng verbunden. Auch viele der Bergleute, die dort über die Jahrhunderte arbeiteten, stammten aus der Gemeinde. **Im Gemein-**

demuseum Absam**, das 2018 mit dem Tiroler
Museumspreis ausgezeichnet wurde, wird dem
Thema Bergbau daher entsprechend viel Raum
gegeben. Ein zweiter Schwerpunkt ist dem berühmten Absamer Geigenbauer **Jakob Stainer**
gewidmet.

Das Gemeindemuseum ist im alten **Kirchenwirt**
untergebracht und steht unmittelbar neben der
Basilika St. Michael, einer der bekanntesten
Wallfahrtskirchen Tirols. In ihr ist ein Marienbild
ausgestellt, das 1797 in der Scheibe des Hauses
des Bergbauern und Knappen Johann Bucher er-
schienen sein soll. Das Marienbildnis ließ sich
nicht wegwischen und wurde daher als Wunder
betrachtet. Die Kirche erkannte das Bild zwar
nicht als Marienerscheinung an, kam aber dem
Wunsch der Bevölkerung nach, es in der Kirche
zur Verehrung aufzuhängen. Dort befindet es
sich noch heute und ist Ziel zahlreicher Pilger.

Jakob Stainer aus Absam
gehört zu den bekanntesten
Geigenbauern des 17. Jahrhunderts, seine Geigen genießen bis heute Weltruf.

Die Absamer Basilika
St. Michael.

Wenn's läuft:
Kugelwald am Glungezer

▶ Anfahrt

Mit den Bussen 4132/4134 oder dem Pkw zur Talstation der Glungezerbahn in Tulfes, dann zu Fuß in etwa eineinhalb Stunden oder mit der Gondelbahn in wenigen Minuten zum **Gasthaus Halsmarter** (Halsmarter 1, 6075 Tulfes).

Kugeln können dort während der Öffnungszeit gegen eine Kaution und eine kleine Gebühr ausgeliehen werden.

Viele kennen das noch aus der eigenen Kindheit. Mit Papier und Klebstoff wurden die fantasievollsten Bahnen gebaut, über die man dann Murmeln rollen ließ: da eine Sprungschanze, dort sogar ein Looping oder eine Wippe. Aber es gab auch so manches Bahnunglück. Im Kugelwald am Glungezer beim Gasthaus Halsmarter gibt es so eine Bahn in Groß, oder, um exakt zu sein, derzeit **16 verschiedene Bahnen** auf einem Areal von beeindruckenden 8000 Quadratmetern. Die haben so sprechende Namen wie Bumerang, Schanzenbahn, Ratterknatter, Kugelklang oder Kugelkegelbahn.

Die Bahnen sind ausschließlich **aus Zirbenholz** gebaut, oft sogar mehrstöckig. Mit Seilzügen oder anderen Vorrichtungen können die Kinder die Kugeln in die Höhe hieven, um dann staunend zu beobachten, auf welch verschlungenen und spektakulären Wegen sie wieder zurückkommen. Zwischendurch gibt es aber auch ein **Baumhaus**, von dem aus man wunderbar den ganzen Kugelwald überblicken kann. An manchen Bäumen sind auch Nummern befestigt. Klappt man die Täfelchen auf, verbirgt sich darunter eine (einfache) Frage.

Den größten Unterhaltungswert bietet aber immer noch die Möglichkeit, mit Holzteilen **eigene Bahnen** zu **konstruieren**. Da wird auch der Papa wieder zum Kind: Sprungschanze da, Steilkurve dort. Hat die Kugel doch zu wenig Schwung für einen Gegenanstieg? Muss da vielleicht ein höherer Anlauf gebaut werden? Aber wenn's dann läuft, dann läuft's. Da vergehen plötzlich die Stunden wie Minuten. Wenn's der Mama zu langweilig wird, kann sie inzwischen ja im **Gasthaus Halsmarter** einkehren oder sich in einen eigenen Ruhebereich mit Holzliegen und Ausblick auf den Bettelwurf zurückziehen.

▶ **Öffnungszeiten**
Sie orientieren sich in der Regel an den Betriebszeiten der Bahn, im Sommer bei Schönwetter kann aber auch bis 20 Uhr oder länger geöffnet sein. www.kugelwald.at, www.halsmarter.at

Bahnen und Kugeln sind aus Zirbenholz gemacht.

Beliebtes Naturjuwel:
Obernberger See

▶ **Anfahrt**

Mit ÖBB bis Steinach am Brenner, weiter mit Bus 4145 ins Obernbergtal. Mit dem Pkw über A 13, Ausfahrt Nösslach, Weiterfahrt bis ans Straßenende im Obernbergtal. Großer, gebührenpflichtiger Parkplatz vorhanden, der an schönen Wochenenden aber dennoch voll sein kann.

▶ **Gehzeiten**

Vom Gasthaus Waldesruh bis zum See max. 45 Minuten; vom Gasthaus Waldesruh über Hinterenns zum See max. 2 Stunden. Direkter Rückweg ca. 30 Minuten.

In den letzten Jahren war der Obernberger See durch ein Hotelprojekt in die Schlagzeilen geraten. Aber gerade dadurch wurde in vielen Menschen auch wieder Interesse an diesem Naturjuwel am Fuße des Obernberger Tribulauns geweckt. Der See ist sommers wie winters ein beliebtes Ausflugsziel.

Eigentlich besteht der Obernberger See ja aus zwei Teilen, die nur bei hohem Wasserstand miteinander verbunden sind. Diese Trennung wurde einst durch einen Felssturz vom Obernberger Tribulaun verursacht. Auf den Überresten dieses Bergsturzes steht die Kapelle „Maria am See", die über eine Brücke erreichbar ist. 1936 schon wurde der See zum **Naturdenkmal** ernannt, heute ist er Bestandteil des Landschaftsschutzgebietes Nösslachjoch – Obernberger See – Tribulaune.

Der Obernberger See ist nur zu Fuß von einem Parkplatz beim **Gasthaus Waldesruh** erreichbar. Auf einem breiten Schotterweg geht es hinauf zum ehemaligen Ausflugsgasthof am Seeabfluss. Beliebt ist eine Umrundung des Obernberger Sees.

Ein etwas weiterer, aber sehr beeindruckender Zustieg führt vom Parkplatz zuerst nach Nordwesten in die sogenannte **Hinterenns**. Schließlich findet man sich in einem Talkessel zwischen der Schwarzen Wand und dem Obernberger Tribulaun wieder. Von hier wendet sich der Weg und führt nun durch Schotterhalden und Latschenfelder unter dem Tribulaun entlang Richtung Südwesten zum See.

Den **Rückweg** vom See kann man in beiden Varianten über einen Weg durch die Wiesen beim Seeabfluss wieder zurück zur Waldesruh nehmen.

Abgesehen vom Wandern kann man sich natürlich auch am See in die Sonne legen. Ein Sprung ins Wasser ist aber eher nur etwas für Hartgesottene. Der See wird gerade einmal 11 bis 15 Grad warm. Da muss der Sommertag schon brütend heiß sein, um mehr als die Zehen ins Nass zu stecken.

▶ **Einkehrmöglichkeiten**
Gasthaus Waldesruh, Almi's Berghotel.

Der Obernberger See ist zu allen Jahreszeiten bei Groß und Klein beliebt.

Kohle in Nösslach:
der Bergwerksweg

Den Ausgangspunkt erreicht
man mit dem VVT-Bus 4143
oder 4145 bzw. mit Pkw über
die A 13, Ausfahrt Nösslach.

Kaum vorstellbar, dass es in Nösslach den einst
angeblich höchsten Steinkohleabbau in ganz Europa gegeben haben soll. Wer dem Bergwerksweg folgt, erfährt mehr davon.

Der Bergwerksweg wurde zwischen 2004 und
2006 errichtet und beginnt im **Weiler Hagaten**.
Vom dortigen (gebührenpflichtigen) Parkplatz
geht es zuerst den Forstweg entlang in Richtung
Nösslachhütte. Ab dort wandelt man dann auf
einem Waldpfad, quert ein sprudelndes Bächlein

und gelangt schließlich neuerlich auf eine Forststraße. Und hier beginnt auch der eigentliche
Bergwerksweg.

Auf elf Tafeln wird erklärt, **wie die Steinkohle
nach Tirol kam**: Ihren Ursprung nahm die Kohle
in afrikanischen Urwäldern, die abstarben. Der
versunkene Wald geriet unter Druck, wandelte
sich unendlich langsam zu Kohle um. Schließlich
verschoben sich die Kontinentalplatten und die
afrikanische Urwald-Steinkohle landete ausgerechnet im Tiroler Wipptal. Dort wurde sie zuerst
„Nösslacher Schwarzerde" genannt und eigentlich zum Färben und nicht zum Heizen verwendet. Erst ab den 1930er-Jahren wurde sie in grö-
ßerem Stil abgebaut. Während des Zweiten Weltkrieges – in dem alle Rohstoffe für die Rüstungs-
industrie benötigt wurden – und in den Jahren
danach wurden immerhin bis zu 5000 Tonnen
Steinkohle pro Jahr ins Tal befördert. Bis zu 60
Bergleute waren dort beschäftigt. Manche nicht
ganz freiwillig, denn die Franzosen verpflichteten
auch ehemalige Nationalsozialisten nach 1945
dort zur Arbeit. 1953 wurde der Bergbau schließlich wegen Unrentabilität eingestellt.

Von alldem erzählen einem die Tafeln, während
man höher und höher steigt. Dabei kommt man
am Evangelischen Jugendheim vorbei: Holzbara-
cken, in denen früher die Bergleute gewohnt haben. Auch ein bisschen Kohle bekommt man zu
sehen. Man sollte allerdings kein Souvenir mitnehmen, damit nachfolgende Wanderer auch
noch etwas zu betrachten haben. Und schließlich gelangt man am höchsten Punkt, beim
Friedrichsstollen, an. Der ist zwar vergittert, man
kann aber ein Licht anschalten und ein kleines
Stückchen hineinschauen. Ein wenig darunter
befinden sich noch die Überreste der Seilbahn,
mit der die Kohle ins Tal gebracht wurde.

Über nette Waldsteige und Wiesen geht es dann
wieder zurück zur **Nösslachhütte**.

▶ **Gehzeiten**
Die Runde ist leicht und in
drei bis dreieinhalb Stunden zu
bewältigen.

▶ **Einkehrtipp**
Die Nösslachhütte ist ideal
zur Einkehr und hat auch einen
kleinen Kinderspielplatz.

Am Nösslachjoch verbinden
sich Naturerlebnis und
Industriegeschichte.

Klappern am rauschenden Bach: Mühlendorf Gschnitz

▶ Anfahrt

mit Bus 4146 ab ÖBB-Bahnhof Steinach bis zur Endhaltestelle (GH. Feuerstein). Mit Pkw über die A 13, Ausfahrt Matrei, weiter auf der Bundesstraße bis Steinach, beim Kreisverkehr am Ortsanfang den Schildern nach Gschnitz folgen. Gebührenpflichtiger Parkplatz beim Gasthof Feuerstein. Drei Gehminuten bis zum Mühlendorf.

Wo ein Bach rauscht, da klappert eine Mühle. So war es früher, und in Gschnitz ist es (wieder) so. Dort, wo der Sandeswasserfall in die Tiefe rauscht, steht das kleine Mühlendorf.

Dort werden eine Getreidemühle und die Schmiede von Wasser angetrieben wie vor 100 Jahren. Auch eine kleine Kapelle und einen Brotbackofen gibt es zu besichtigen. Neben der Erfahrung, wie einst Handwerker gearbeitet haben, das Mehl gemahlen, der Faden gesponnen wurde, geht es im Dörflein aber auch um das Erleben mit allen Sinnen: Wie fühlt es sich an, barfuß auf einem Kiesweg zu gehen? Und wie, wenn einem die Gischt des Sandeswasserfalles ins Gesicht spritzt?

Überhaupt stiehlt der Wasserfall dem Mühlendörflein beinahe die Show. Auf dem **Wasserfallweg** stellt man sich zuerst auf einen Steg, dort, wo die Wassermassen herunterstürzen, mitten in den feinen Sprühnebel. Dann steigt man hinauf, und schaut sich das Schauspiel von der 40 Meter langen Brücke, die den Wasserfall überspannt, von oben an. So viel Naturgewalt beeindruckt immer wieder.

Geht man schließlich wenige Minuten wieder zum **Mühlendorf** zurück, können die Erwachsenen im dortigen Café einkehren, während die Kleinen das gerade Gesehene nachbauen. Am **Spielplatz** können sie Wasser durch Kanäle leiten, Mini-Mühlräder betreiben oder einfach herumpritscheln.

▶ **Öffnungszeiten**
Mitte Mai bis Mitte Oktober täglich von 10.00 bis 17.00 Uhr (Juli, August bis 18.00 Uhr); www.muehlendorf-gschnitz.at

Im Mühlendorf kann man die Funktionsweise der alten Mühlen aus der Nähe kennenlernen.

Maulwurfarbeit:
BBT-Tunnelwelten

▶ Anfahrt

Mit ÖBB bis Steinach, dann ca. 20 Minuten zu Fuß. Mit dem Pkw auf der A 13, Ausfahrt Matrei. Beim Kreisverkehr in Steinach den Wegweisern zur Bahn auf die Bergeralm folgen. Die BBT-Tunnelwelt befindet sich gegenüber der Talstation (Alfons-Graber-Weg 1, 6150 Steinach).

Nur schwer kann man sich vorstellen, wie es auf der derzeit größten Tunnelbaustelle der Welt, tief unter dem Brenner, aussieht. Nur beim „Tag des offenen Tunnels" bekommt man die Möglichkeit, wirklich ein Stück in diese faszinierende Welt im Berg einzudringen. Oder man nimmt an einer vorangemeldeten Führung teil. Die sind allerdings auf Monate im Voraus ausgebucht. Eine gute Alternative dazu ist daher die BBT-Tunnelwelt in Steinach. Dort wird einem die Bau- und Funktionsweise des Brenner-Basistunnels (BBT) erklärt.

Seit 2007 wird an dieser „längsten unterirdischen Eisenbahnverbindung der Welt" zwischen Volders und Franzensfeste gearbeitet. Vorgetrieben wird der Tunnel in mehreren Baulosen von Nord- und Südtirol aus. Er soll vor allem den Güterverkehr aufnehmen, der von der Straße auf die Schiene verlagert werden soll. So will man das verkehrsgeplagte Wipptal nördlich und südlich des Brenners entlasten. Bis 2027 will man den Tunnel fertiggestellt haben.

Inklusive Umfahrung Innsbruck ist er 64 Kilometer lang, rechnet man jedoch alle Erkundungsstollen und sonstige Tunnel noch dazu, müssen insgesamt rund 230 Kilometer je nach Gestein je zur Hälfte durch den Berg gebohrt oder gesprengt werden. Davon war 2019 ungefähr die Hälfte geschafft. Eine Dimension, die man sich nur schwer vorstellen kann.

Die BBT-Tunnelwelten sind daher deutlich mehr als nur ein **Infozentrum für den Brenner-Basistunnel**. Auf 800 Quadratmetern wird dort die unterirdische Welt erklärt, die einem sonst für gewöhnlich verborgen bleibt: der Vortrieb des Tunnels Meter für Meter mit riesigen Bohrmaschinen, die Sprengungen, die mächtigen Kavernen, durch die locker riesige Baumaschinen fahren. Und wie geht das überhaupt, dass die Tunnelröhren in der Mitte wirklich zusammenfinden? Erklärt werden Geologie, Technik, Vermessung, die Geschichte des Brennerpasses, der Sinn des Tunnels, der Plan einer leistungsstarken Bahnstrecke vom hohen Norden bis nach Sizilien.

Vieles davon ist hochtechnisch und für Menschen gedacht, die sich eingehender mit dem BBT beschäftigen wollen. Ein Schaustollen soll vermitteln, wie es unter Tage zugeht, auch wenn das eigentlich ein Ding der Unmöglichkeit ist. Da sind die Videos eher hilfreich und selbst die geben einem nur einen kleinen Eindruck.

Aber auch **Kinder** kommen auf ihre Rechnung. Viele der 60 Exponate sind interaktiv zu bedienen. Und im Freien gibt es auch noch einen Spielplatz – oder in diesem Fall eher einen Bauplatz. Dort können nämlich Steine gebaggert und transportiert werden. Das alles bei freiem Eintritt.

▶ **Öffnungszeiten**
Ganzjährig dienstags bis sonntags von 10.00 bis 17.00 Uhr. Der Eintritt ist frei.
www.tunnelwelten.com

Kraftplatz und Schwammerl-paradies: Maria Waldrast

▶ Anfahrt

Mit dem Pkw über die A 13, Ausfahrt Matrei, durch den Ort Matrei und kurz nach dem Ortszentrum links weg (Maria Waldrast ist angeschrieben). Die Straße führt durch eine Siedlung unter der Autobahn bis zu einem Parkplatz, von da an beginnt die Mautstraße.

▶ Öffnungszeiten

Die Mautstraße ist nur im Sommer für den Verkehr geöffnet, das Gasthaus aber ganzjährig bewirtschaftet. Dort kann man auch übernachten, Seminarräume sind vorhanden.

Für die einen ist es ein besonderer Kraftplatz, für andere das Gebiet, in dem man die meisten Pilze findet. Der Ursprung von Maria Waldrast liegt aber über 600 Jahre zurück.

Aus der Geschichte: Zwei Hirtenbuben aus Mützens fanden an einem Rastplatz im Wald unterhalb der Serles 1407 ein geschnitztes Madonnenbild in einem hohlen Lärchenstamm. Die Angehörigen der Burschen sägten es vorsichtig aus dem Holz und trugen es nach Matrei. Zu Pfingsten desselben Jahres erschien am selben Platz einem Holzfäller Maria mit dem Jesuskind und trug ihm auf, auf der Waldrast eine Kapelle zu bauen. Der Holzfäller erzählte dem Pfarrer von seiner Erscheinung, dieser trug das Anliegen an den damals zuständigen Bischof von Brixen heran. 1409 wurde schließlich die Erlaubnis zum Kirchenbau erteilt. Bis sie allerdings tatsächlich stand, vergingen noch einmal fast 20 Jahre: 1429 wurde das Madonnenbild zurück auf die Waldrast gebracht. Und rasch setzte eine Pilgerbewegung zu diesem Ort ein, die es bis heute gibt. Der Bischof bestellte einen Kaplan und der Landesfürst erteilte diesem die Erlaubnis, die Wallfahrer zu bewirten. 1621 wurde schließlich der Grundstein für ein Servitenkloster gelegt, das an die Kirche anschloss. Unter Kaiser Joseph II. wurde es 1785 aber aufgelassen und unbrauchbar gemacht, die Wallfahrt verboten. 1844 kaufte der Orden die Ruine zurück und ließ das Kloster neu erstehen, im Wesentlichen so, wie man es heute sieht.

Maria Waldrast ist immer noch religiöse **Pilgerstätte** oder einfach auch ein beliebter **Ausflugsort** am Fuße der Serles: Ausgangspunkt für Wanderungen und Bergtouren, im Winter beginnt dort eine rassige Rodelbahn. Die Waldrast ist über eine Mautstraße von Matrei aus zu erreichen.

Hauptanziehungspunkt ist die **barocke Kirche**, in der Menschen, die an Krankheiten leiden, um eine Heilung bitten. Aber auch für Taufen und Hochzeiten ist sie sehr beliebt. Aus dem **Brunnen** vor der Kirche sprudelt ein „besonderes Wasser", das viele Besucher in Flaschen mit nach Hause nehmen. Jene, die profaneren Dingen zugetan sind, kehren auch gerne im **Gasthof** ein, von dessen Sonnenterrasse sich ein wunderbarer Blick auf den Blaser, die Peilspitze und hinaus ins Wipptal genießen lässt. Wirklich ein besonders magischer Platz ist aber der **Auffindungsort des Gnadenbildes**, an dem heute eine kleine, hölzerne Kapelle im Wald oberhalb des Klosters steht. Dort führt eine kurze Wanderung hin.

Ein kleines Stück unterhalb des Klosters befindet sich in dem Boden zwischen Blaser, Peilspitzen und Serles die **Matreier Ochsenalm**. Die erreicht man in knapp 15 Minuten von der Waldrast. Auch dort kann man einkehren.

► **Für Wanderer**
Vom Parkplatz vor Beginn der Mautstraße geht man etwa eineinhalb Stunden auf die Waldrast (Mützens 27, 6143 Mühlbachl). Entweder entlang der Straße oder im Sommer auch auf dem Rodelweg.
www.mariawaldrast.at

Das Kloster liegt idyllisch am Fuß der Serles.

Umgeben von Eisriesen: Stubaier Gletscher

▶ Anfahrt

Mit Bus 590a oder 590b oder dem Pkw über die A 13, Ausfahrt Schönberg/Stubaital, Weiterfahrt über Neustift bis zu den Parkplätzen der Stubaier Gletscherbahn.

Zwar hat der Stubaier Gletscher in den letzten zwei Jahrzehnten unter der Klimaerwärmung gelitten, aber eine Reise wert ist er immer noch. Auch im Sommer, obwohl der Ganzjahres-Skilauf inzwischen nicht mehr möglich ist. Doch wo sonst hat man schon 109 Dreitausender im Blickfeld?

Im Jahr 1973 wurde der Stubaier Gletscher mit den ersten Seilbahnen und Skiliften erschlossen. Lange war er ein Ganzjahresskigebiet. Seit 2003 gilt er „nur" mehr von Mitte September bis Juni als schneesicher. Was aber nicht heißt, dass es nicht auch im Sommer viel zu entdecken gibt. Und das vor allem ohne große Anstrengungen.

Wohl kaum von einem Punkt in Tirol hat man den Ausblick auf 109 Dreitausender. Von der **Aussichtsplattform „Top of Tyrol"** (siehe Bild links) ist das bei gutem Wetter aber möglich. Selbst wenn man die meisten Berge weder kennt noch auseinanderhalten kann, ist der Rundumblick von dort oben atemberaubend. Und das durchaus auch im wörtlichen Sinn. Denn zwar bringen einen die Eisgrat- und die Schaufeljochbahn auf über 3000 Meter, die letzten fünf Minuten bis auf die 3210 Meter hoch gelegene Plattform muss man aber selbst gehen. Dabei merkt man schon die Höhe, das Herz schlägt schneller, man bekommt weniger Luft.

Östlich der Schaufeljoch-Bergstation befindet sich auch eine Kapelle und auf den Gipfel der **Schaufelspitze** selbst sind es nur 183 Höhenmeter. Der Weg ist zwar nicht schwierig, dennoch nur für Geübte. Die Gehzeit beträgt 45 Minuten bis eine Stunde. So einfach kommt man nicht oft zu einem Dreitausender im Tourenbuch!

Sehenswert ist auch die **Eisgrotte** an der Bergstation der Eisgrat-Bahn 30 Meter unter der Piste, in der man alle möglichen Gletscherphänomene erklärt bekommt. Sie ist mit Holzbohlen ausgelegt und sehr gut begehbar. Und natürlich gehört zu einer Eiswelt auch ein Riesenmammut. Das steht ebenfalls bei der Eisgrat-Bergstation, ist aus Holz, sieben Meter lang, sechs Meter hoch und 12 Tonnen schwer. **Kinder** ab vier Jahren können darin und darauf herumklettern, der Rüssel ist eine Rutsche.

▶ Öffnungszeiten Eisgrotte
Ende Juni bis Ende September täglich von 8.30 bis 15.30 Uhr. Die Öffnungszeiten der Bahnen variieren je nach Jahreszeit. Am besten aktuell abfragen: www.stubaier-gletscher.com

In der Eisgrotte erfährt man mehr über Gletscher.

Eiskalte Erfrischung: Wilde-Wasser-Weg

▶ Anfahrt

Mit Bus 590a oder 590b (von Innsbruck Bahnhof) bis Haltestelle Grawa-Alm oder mit Pkw über die A 13, Ausfahrt Schönberg/ Stubaital, Weiterfahrt über Neustift bis zum Parkplatz Wilde-Wasser-Arena hinter Ranalt; kostenpflichtiger Parkplatz. Weitere Parkplätze: Tschangelair-Alm, zwischen Tschangelair- und Grawa-Alm, Grawa-Alm.

Das Herzstück des Wilde-Wasser-Weges ist zweifellos der Grawa-Wasserfall im hintersten Stubaital. Bei Schneeschmelze ist er mit 85 Metern der breiteste Wasserfall der Ostalpen. Den sollte man keinesfalls versäumen. Bis auf die letzte Etappe kann man sich die drei Abschnitte des Weges so zusammensetzen, wie es einem gefällt. Jede für sich ist spektakulär.

Der erste und leichteste Teil des Weges führt uns von der **Wilde-Wasser-Arena** über den Ruetz-Katarakt bis zum Grawa-Wasserfall. Er beginnt erst einmal mit einer Einführung in das Thema auf zahlreichen Schautafeln. Und dann geht es schon mitten hinein ins Abenteuer Wasser: Der

Ruetz-Katarakt ist eine durch Felsen hervorgerufene Engstelle im Lauf des Baches. Von einer Brücke und Aussichtsplattformen kann man das tosende Wasser in der Schlucht bestens sehen und ruhig ein bisschen Ehrfurcht haben vor dieser Urgewalt.

Kaum ist die Engstelle vorbei, wird die Ruetz wieder zum recht friedlichen Bach, an dessen Ufer der Weg gemütlich entlangführt. Nach zwei Serpentinen biegt man schließlich um eine Ecke und steht völlig überraschend vor dem **Grawa-Wasserfall**, der in breiten Kaskaden über den Fels rinnt. An dessen Fuß ist eine große, ansteigende Plattform mit Sitz- und Liegegelegenheiten errichtet worden: das **Grawa-Observatorium**. Ganz bequem und meditativ kann man von dort dem Lauf des Wassers folgen. Stundenlang, so entspannend ist das.

Die zweite Etappe erfordert schon etwas mehr Ausdauer. Sie führt vom Grawa-Wasserfall auf dem alten Alm-Steig bis zur **Sulzenauhütte**, die zur Einkehr lädt. Auf diesem Weg kann man einerseits von zwei Plattformen noch einmal den Grawa-Wasserfall sehen. Andererseits warten auf der **Sulzenaualm** neben einer willkommenen Einkehrmöglichkeit noch einmal drei spektakuläre Wasserfälle auf den Wanderer. Am beeindruckendsten ist der **Sulzenaufall**, der pfeilgerade 200 Meter in die Tiefe stürzt.

Der dritte Wegteil führt einen schließlich von der Sulzenauhütte bis quasi zum Ursprung des wilden Wassers, dem **Sulzenauferner**. Aus dem Wilde-Wasser-Weg ist hier ein **Gletscher-Lehrpfad** geworden. Man sieht und erlebt alles, was eine Gletscherlandschaft ausmacht. Moränenfelder, Gletscherseen, den Gletscherbruch. Dieser letzte Teil ist freilich durch die Klimaerwärmung in den letzten Jahren der größten Veränderung unterworfen. Beinahe jedes Jahr sieht die Landschaft dort oben wieder ein bisschen anders aus.

▶ Etappe 1
3,5 km, 1,5 Stunden, leicht.

▶ Etappe 2
4 km, 2,5 Stunden, ca. 600 Höhenmeter, Kondition erforderlich.

▶ Etappe 3
3 km, 1,5 Stunden, ca. 600 Höhenmeter, Kondition erforderlich.

▶ Tipp
Selbst im Hochsommer kommt das Licht erst am späteren Nachmittag so richtig zum Wasserfall. Wer also im Sonnenlicht glitzernde Wassermassen sehen oder fotografieren möchte, sollte eher spät zum Grawa-Wasserfall gehen.

▶ Einkehrmöglichkeiten
Tschangelair-Alm, Grawa-Alm, Sulzenaualm, Sulzenauhütte.
www.stubai.at/aktivitaeten/wandern/wildewasserweg/

Je nach Jahreszeit ist der Grawa-Wasserfall mal breiter, mal schmäler.

Klettern zwischen Bäumen: Hochseilgarten Stubaital

Gegen Höhenangst ist ein Hochseilgarten nur bedingt als Therapie geeignet. Aber zur Koordination von Mut, Geschicklichkeit und Kraft ist er ideal. Und ein riesiger Spaß dazu für Groß und Klein.

Im „**1. Adventure Park Tirol**" in Fulpmes geht's zuerst zur Ausgabe von Helm und Gurtzeug. Auf einem Mini-Parcours in Absprunghöhe gibt es dann eine kleine Einweisung, wo Rolle und Karabiner einzuhängen sind, wie man bei manchen Hindernissen am besten technisch vorgeht. Und dann geht es schon los: für Erwachsene allein, für Kinder und Jugendliche in Begleitung.

Die Schwierigkeit der Routen **im größten Hochseilgarten Tirols** steigert sich kontinuierlich, allerdings auch der Kraftaufwand. Wer also schon mit „aufgepumpten" Unterarmen herumläuft und seine Kraftreserven schwinden sieht, der sollte vielleicht besser aussteigen. Sonst droht die blamable Bergung über die Leiter durch die Crew des Hochseilgartens, wenn man in luftiger Höhe nicht mehr weiterkommt.

Die Hindernisse, die man pro Parcours zu bewältigen hat, ähneln einander oder wiederholen sich: Kriechen durch eine Tonne, Fortbewegung auf schaukelnden Holzteilen, Fahren mit einem Skateboard, das auf Rollen über die Seile läuft. Und nicht zu vergessen: ein Rutscher mit dem Flying Fox. Dazwischen kann man auf Plattformen, die an den Bäumen festgemacht sind, ausruhen.

Immer höher und höher kommt man dabei, bis man irgendwo zwischen den Baumwipfeln herumschwingt. Auch wenn man gut gesichert ist, schießt einem da das Adrenalin ein. Aber es ist ja alles kein Muss, auch nicht, wenn die Freunde vom nächsten Baum schon johlen und einen anfeuern. Und am Ende kann man dann im gemütlichen Restaurant auf dem Areal den eigenen Mut ein wenig feiern.

▶ Öffnungszeiten

Mitte Juni bis Mitte September täglich von 10.00 bis 19.00 Uhr; April bis Mitte Juni sowie Mitte September bis Ende Oktober Montag bis Freitag von 12.00 bis 19.00 Uhr sowie an Samstagen, Sonn- und Feiertagen (inklusive Brückentage) von 10.00 bis 19.00 Uhr. www.outdoorprofi.at

▶ Weitere Hochseilgärten

- Hochseilgarten Fieberbrunn, www.func.at; Kletterwald
- Hornpark, St. Johann, www.hornpark.at;
- Abenteuerpark Achensee, www.abenteuer-achensee.at;
- Abenteuer-Erlebnispark Zillertal, Kaltenbach, www.outdoorcenter-zillertal.com;
- Ötztaler Outdoor Parcours, Sautens, www.outdoor-parcours.com;
- Kletterwald Bichlbach, www.kletterwald-bichlbach.at

Langsam arbeitet man sich in schwindelnde Höhen vor.

Blitzschnelle Jäger: Greifvogelpark Stubai

▶ **Anfahrt**
Mit der Stubaitalbahn bis Haltestelle Luimes, von dort 10 Minuten Fußweg zum Greifvogelpark
(6165 Telfes 203). Mit dem Pkw
auf der A 13, Brennerautobahn,
bis Ausfahrt Stubaital. Weiterfahrt
bis Telfes, vom Ortszentrum dem
Luimeser Weg folgen bis zum
Greifvogelpark; Besucherparkplät-
ze. Falls nicht ausreichend Platz
vorhanden ist, vom Ortszentrum
Telfes zu Fuß rund 15 Minuten.

Majestätisch steigt der Falke auf, blitzschnell geht
er in den Sturzflug über und hat man's nicht gesehen, hat er sein Opfer auch schon in den Kral-
len. Kein Wunder, immerhin wird ein Wanderfal-
ke bis zu 330 km/h schnell, wenn er scheinbar
wie ein Stein vom Himmel fällt. Da weiß die Beu-
te noch gar nicht, dass sie in höchster Gefahr ist.
Doch ehe sie das begreift, ist es auch schon zu
spät.

Die **Flugvorführungen** sind der Höhepunkt im
Greifvogelpark von Mathias Premm. Seit mehr
als 40 Jahren arbeitet er mit Bussard, Wanderfal-

ke und Co. Optisch erinnert er ältere Generationen vielleicht ein bisschen an Tierprofessor Otto König, der in den 1970er-Jahren Wissenswertes über die Tierwelt im Fernsehen erklärte. Und ähnlich wie König hat Premm über seine Tiere viel zu erzählen. Ein Großteil kam verletzt oder krank in den Park, wurde gesund gepflegt und wieder in die Wildnis entlassen. Viele Vögel, die paarweise gehalten werden, vermehren sich aber auch. Und so hat die Station derzeit rund 50 Bewohner: Adler, Bussarde, Milane, Falken und Eulen. Nur ein Tier, der Weißkopf-Seeadler Satara, ist nicht in Europa beheimatet. Alle anderen kann man auch bei uns in freier Wildbahn sehen. Mit viel Glück.

Nicht so im kleinen, aber feinen Greifvogelpark in Telfes. Dort kann man sie in den Volieren ganz nah betrachten. Und zu manchen, wenn sie sich an der Hand von Premm oder einer Falknerin befinden, sogar auf Federfühlung gehen. Was natürlich besonders die Kinder begeistert. Eine Flugvorführung gibt es täglich am Nachmittag um 15.00 Uhr. Die sollte man auf keinen Fall versäumen, sonst fehlt einem doch der faszinierendste Teil des Ausflugs.

▶ **Öffnungszeiten**
Mitte Mai bis Mitte Oktober, täglich von 11.00 bis 17.00 Uhr, Flugvorführung immer nachmittags um 15.00 Uhr.
www.greifvogelpark-telfes.at

▶ **Hinweis**
Hunde dürfen wegen der Vögel nicht mitgenommen werden.

▶ **Weitere Greifvogelparks**
• Adlerbühne Ahorn, Mayrhofen (im Sommer 2020 wegen Umbau keine Shows)
• Greifvogelpark Ötztal, Umhausen, www.greifvogelpark.at

Die majestätischen Vögel und ihre Jagdkunst kann man bei Flugvorführungen aus der Nähe beobachten.

Fortschrittlich nostalgisch: eine Fahrt mit der Stubaier

► **Anfahrt**

Bis Innsbruck mit ÖBB, Bus oder Pkw. Ab Hauptbahnhof mit der Stubaitalbahn. Fahrzeit bis Fulpmes ca. 1 Stunde. Fahrplan unter www.ivb.at/

Auch wenn man heute – außer auf Nostalgiefahrten – nicht mehr auf Holzbänken sitzt, oder auf den offenen Plattformen der Waggons steht, ist eine Reise mit der Stubaitalbahn bis Fulpmes immer noch ein Erlebnis. Eine angenehmere Art, ins Mittelgebirge oder ins Stubai zu fahren, gibt es eigentlich nicht.

Die Bahn wurde in den Jahren 1903/04 errichtet. Ihren Ausgangspunkt hatte sie am sogenannten Stubaital-Bahnhof (neben der Zentrale der heutigen Innsbrucker Verkehrsbetriebe). Betrieben wurde sie ursprünglich mit Wechselstrom. 1983 wurde sie auf Gleichstrom umgestellt und erst ab dann war es möglich, auf dem Schienennetz der städtischen Straßenbahn bis zum

Hauptbahnhof zu fahren. 1983 gilt gleichzeitig auch als das Ende der „alten Stubaier", wie sie nostalgisch genannt wurde. Seit 2008 wurde die Stubaitalbahn auf moderne Niederflur-Triebwagen umgestellt, wie sie auch im übrigen Innsbrucker Straßenbahnverkehr verwendet werden. 2016/17 wurde statt des altersschwachen Mutterer Viaduktes, der unter Denkmalschutz steht, eine neue Brücke errichtet.

Die Bahn schraubt sich zuerst in einer weiten Kurve neben der Brenner-Bundesstraße bis zum **Sonnenburgerhof**, dann in einer weiteren Schleife hinauf nach **Natters**. Von dort geht es bis **Mutters**, wo die Muttereralm-Bergbahnen gut erreicht werden können. Weiter fährt die Bahn nun, nur mehr wenig ansteigend, über **Raitis**, **Kreith**, die **Telfer Wiesen**, **Telfes** bis nach **Fulpmes**. Jeder Teil der Strecke ist landschaftlich wunderschön. Wer auf der richtigen Seite des Zuges sitzt, hat lange Zeit über einen schönen Ausblick auf die gegenüberliegende Talseite, hinüber zum Patscherkofel, nach Igls und Patsch.

Die Kombinationsmöglichkeiten von Bahnfahrt und **Wanderungen** sind vielfältig. So erreicht man zum Beispiel den beliebten **Stockerhof** oder die **Kreither Alm** – beides empfehlenswerte Einkehrmöglichkeiten – sehr gut mit der Stubaier.

Beide Ziele erreicht man am einfachsten auf dem Kreitheralmweg (Nr. 511). Dieser beginnt in der Kohlstatt, zu der man gelangt, indem man von der Haltestelle dem Straßenverlauf ein kurzes Stück nach Süden bzw. Westen folgt (es gibt aber ohnedies keine andere Möglichkeit). Der Weg zum Stockerhof biegt vom Almweg bei der ersten Gelegenheit links über eine Brücke ab, führt noch ein kurzes Stück aufwärts (kurz Weg 565) und dann über eine Wiese. Der Weg ist auch **kinderwagentauglich** – sofern man den Buggy so lange schieben kann und will.

▶ Wandertipp

Eine der wohl landschaftlich schönsten und gleichzeitig einfachsten Wanderungen führt von Telfes nach Kreith (oder umgekehrt) über die Telfer Wiesen, die im Frühjahr herrlich blühen und deren bunt verfärbte Lärchenbestände im Herbst ein ganz besonderes Schauspiel bieten. Holzliegen laden auf dem Weg zum Rasten, Schauen und Genießen ein.

▶ Gehzeiten

Stockerhof ab Kreith 45 Minuten; Kreither Alm ab Kreith ca. 1.15 Stunden, über Stockerhof etwa 15 Minuten länger.

▶ Einkehrmöglichkeiten

Der **Stockerhof** ist im Sommer täglich ab ca. 9 Uhr geöffnet. Die **Kreither Alm** von Mai bis Spätherbst (je nach Witterung) ab ca. 9.30 Uhr (www.kreither-alm.at).

Die Bahn ist modern, die Fahrt mit der „Stubaier" dennoch nostalgisch.

Historische und sportliche Helden: Bergisel

▶ **Anfahrt**
Mit Straßenbahnlinie 1 bis zur Haltestelle Kloster Wilten, dann ca. 10 Minuten zu Fuß. Mit dem Pkw über die Brenner-Bundes-straße, kostenpflichtige Parkplätze beim Museum (Tirol Panorama, Bergisel 1-2, 6020 Innsbruck) vorhanden.

Wenn es – aus historischer Sicht – den Tiroler Berg gibt, dann ist es zweifellos der Bergisel. Kaum sonst irgendwo wurde so viel Geschichte geschrieben: von gewonnenen und verlorenen Schlachten bis zu sportlichen Höchstleistungen. Schon Volksschulkindern ist der Bergisel bekannt als jener Berg, auf dem sich Andreas Hofer und seine Freiheitskämpfer 1809 den Bayern in vier Schlachten entgegenstellten. Drei Mal trugen sie dabei den Sieg davon, beim vierten Mal verloren sie. Dieser Auseinandersetzung – konkret der dritten Bergiselschlacht – widmet sich das **Tirol Panorama.**

Dort ist das **Riesenrundgemälde** untergebracht, das früher in der Rotunde bei der Kettenbrücke im Saggen hing. Gemalt von Zeno Diemer, stellt es in ungeheurer Detailtreue, wenn auch historisch nicht ganz korrekt, die August-Schlacht dar. Fließend ist der Übergang von Dekoration zu Bild, perfekt die Darstellung von Mensch und Natur, die Dramatik der Ereignisse.

Faszinierend ist aber nicht nur das Panoramagemälde, von dessen Art es nur mehr eine Handvoll in ganz Europa gibt, sondern auch die Museumsarchitektur: Das Gebäude ist bis auf ein Stockwerk zur Gänze im Boden versenkt.

An das Rundgemälde angegliedert ist seit einigen Jahren das **Kaiserjägermuseum**. Es zeigt die Geschichte einer Elitetruppe der ehemaligen Streitkräfte des Habsburgerreiches, der Kaiserjäger. Für militärisch Interessierte sicher ein interessanter Ort, wenn auch von der Darstellungsform nicht ganz auf der Höhe der Zeit.

Geht man nach dem Besuch des Tirol Panoramas zu dem kleinen Pavillon am nordöstlichen Eck neben dem Kaiserjägermuseum, so sieht man dieselbe Landschaft wie auf dem Gemälde, freilich mit all den Veränderungen, die über 200 Jahre mit sich bringen. Und die riesige **Hoferstatue** ein paar Meter weiter ziert seit Jahrzehnten die Postkarten.

Zu den Veränderungen gehört auch die Errichtung einer **Sprungschanze** auf dem Bergisel. Nachdem es bereits seit Jahrzehnten eine kleinere Schanze aus Holz gegeben hatte, wurde zu den Olympischen Spielen 1964 eine aus Beton errichtet, die bei den Spielen 1976 österreichische Triumphe sah: Karl Schnabl gewann mit 104 Metern vor Toni Innauer.

Im Jahr 2000 erhielt Zaha Hadid den Auftrag zum Bau einer neuen Schanze, die größere Weiten erlaubte. Die Star-Architektin vereinte perfekt alle Funktionen: Turm, Anlauf, aber auch ein Café hat heute in dem faszinierenden Bau aus einem Guss Platz. Der **Ausblick** von dort oben auf Innsbruck ist beinahe unüberbietbar.

▶ **Öffnungszeiten Tirol Panorama**
Mittwoch bis Montag von 9.00 bis 17.00 Uhr; Schließtage unter anderem während der Vierschanzentournee (Anfang Jänner). www.tiroler-landesmuseen.at

▶ **Öffnungszeiten Sprungschanze**
Juli bis Oktober täglich von 9.00 bis 18.00 Uhr; November bis Mai, Mittwoch bis Montag von 10.00 bis 17.00 Uhr; Schließtage zu Sportveranstaltungen und Revision. www.bergisel.info

Zeno Diemers monumentales Schlachtgemälde steht im Mittelpunkt der Ausstellung im Tirol Panorama.

Wandeln wie die Landesfürsten: Schloss Ambras

Entspannen am Ententeich, ein Besuch der Rüst- und Wunderkammer, ein ausgedehnter Spaziergang durch den Park mit einem Kaffee im Schlosshof als krönendem Abschluss – all das ist Schloss Ambras. Und nur einen Sprung weit davon entfernt befindet sich mit dem Tummelplatz ein besonders magischer Ort.

Aus der Geschichte: Ambras war ursprünglich Sitz der Grafen von Andechs, die Burg wurde aber 1133 zerstört. Über eine Erbschaft gelangte die Ruine in den Besitz der Tiroler Landesfürsten, die sie nach und nach ausbauten. Erzherzog Ferdinand II. ließ die mittelalterliche Burg zum Wohnschloss umbauen, als er 1567 nach Innsbruck kam. Zu seiner Zeit entstand auch ein Saal am Fuße des Hochschlosses im Stil der Spätrenaissance. Seit dem 19. Jahrhundert trägt er den Namen **Spanischer Saal**, die breitere Öffentlichkeit kennt ihn vermutlich von Konzertaufführungen. Nicht minder bekannt ist das einzigartige **Bad der Philippine Welser**, einer Augsburger Kaufmannstochter, die Ferdinand nicht standesgemäß geheiratet hatte, weshalb die Ehe lange Zeit geheim gehalten werden musste.

Der Erzherzog war aber auch ein bedeutender Sammler und ließ sich eine **Wunderkammer** einrichten, die man wohl als **das erste Museum der Welt** bezeichnen kann: Mit exotischen Tieren, Mineralien und seltsamen Kunstwerken, Gemälden von Menschen mit Fehlbildungen und vielem anderen mehr. Sie kann heute noch besichtigt werden, ebenso wie die großartige Sammlung von Waffen und Rüstungen. Viele davon stammen von bedeutenden Feldherren und Fürsten der damaligen Zeit, weshalb ein Teil auch **Heldenrüstkammer** heißt.

Große Veränderungen gab es im 19. Jahrhundert: Tirols Statthalter Erzherzog Karl Ludwig ließ vor allem die große Auffahrtsrampe zum

▶ **Anfahrt**
mit Straßenbahnlinie 3 oder 6 sowie Bus C; von den Haltestellen führt ein kurzer, aber teils steiler Fußweg zum Schloss. Die Busse Sightseer oder 4134 halten direkt am Schloss (Schlossstraße 20, 6020 Innsbruck). Mit dem Pkw über die A 12, Ausfahrt Innsbruck Mitte, im Kreisverkehr Richtung Aldrans. Achtung, die Parkplätze am Schloss sind in die Innsbrucker Kurzparkzonenregelung eingeschlossen!

▶ **Öffnungszeiten Schloss**
Täglich von 10.00 bis 17.00 Uhr, im November geschlossen.

▶ **Öffnungszeiten Park**
Täglich ab 6.00 Uhr, im Sommer bis längstens 21.30 Uhr, von Oktober bis Februar bis 17.30 Uhr. www.schlossambras-innsbruck.at

▶ **Einkehrmöglichkeit**
Bistro Ferdinand im Hochschloss.

Der langgestreckte Spanische Saal liegt am Fuß des Ambraser Hochschlosses.

Schloss bauen und einen **Landschaftsgarten** nach englischem Vorbild anlegen. Nach seinem Auszug 1861 verfiel Ambras in einen schlechten Zustand und wurde erst 1880 wieder renoviert. Seit 1919 gehört die Anlage der Republik, seit 1950 werden Schloss und Sammlung durch eine Außenstelle des Kunsthistorischen Museums verwaltet. Nach und nach kehrten die Exponate von Rüst- und Wunderkammer wieder nach Innsbruck zurück, die während der Zeit der Napoleonischen Kriege 1806 nach Wien gebracht worden waren.

Erkunden kann man all das natürlich auf eigene Faust, es gibt aber auch verschiedene Arten von Führungen: öffentliche, private, Kostümführungen und mehr.

Hinweis: Ein Großteil des Parks und auch viele Teile der Ausstellung (außer einzelne Bereiche im Hochschloss) sind **barrierefrei zugänglich**.

Tummelplatz: Vom großen Haupttor des Schlossparkes über die Straße gelangt man in wenigen Minuten zum Tummelplatz, einem Ort, der – wohl wegen seiner Bestimmung –

▶ **Tipp**
Wie weiland in der Ritterszeit geht es traditionell am 15. August zu. Beim alljährlichen **Schlossfest** klirren die Schwerter und klappern die Rüstungen, treiben die Hofnarren ihre Späße, wandeln holde Maiden durch den Park und lassen die Spielleute ihre Instrumente erklingen. Und der Spaß kostet keinen einzigen Taler!

ein ganz mystisches Flair ausstrahlt. Dort befindet sich die **Landesgedächtnisstätte**.

Der Name Tummelplatz kommt angeblich daher, dass dort die Pferde der Landesfürsten, die im nahen Schloss Ambras residierten, zugeritten und Reiterspiele abgehalten wurden. Weil das Schloss aber während verschiedener Konflikte seit 1796 auch als Lazarett verwendet wurde, wurden an diesem Platz verstorbene Soldaten beigesetzt. Im Laufe der Jahre wurden insgesamt **fünf Kapellen** auf der Waldlichtung errichtet. Neben tatsächlich dort bestatteten Soldaten richteten viele Familien aber vor allem Gedenkstätten für Angehörige ein, die im Ersten und Zweiten Weltkrieg fern der Heimat gefallen sind.

Wer Ruhe sucht, findet hier einen stillen, besinnlichen Ort. Und wer auch nur ein bisschen auf den Täfelchen liest, für den stellt sich die Frage nach der Sinnhaftigkeit von Kriegen nicht mehr.

Die filigrane Figur „Das Tödlein" kann man in der Kunstkammer bewundern.

Die Kriegergedächtnisstätte war einst Tummelplatz der Reiter.

Spazieren, Baden, Entspannen: Lanser See

Mit Straßenbahnlinie 6 (nur an Wochenenden und während der Schulferien) oder Bus J. Mit dem Pkw von der A 12, Ausfahrt Innsbruck Mitte über Aldrans oder Vill/Igls bis zum gebühren-pflichtigen Parkplatz Lanser See.

Seit Generationen ist der Lanser See und seine Umgebung ein Naherholungsgebiet der Innsbru-ckerinnen und Innsbrucker. Egal, ob im Sommer zum Schwimmen, für einen Spaziergang mit dem Hund zum Lanser Kopf oder eine Einkehr in der gemütlichen Vogelhütte.

Die romantischste Anreise ist natürlich die mit der „Igler", die sich vom Stift Wilten, vorbei am Bretterkeller, über das verwunschen aussehende Tantegert durch Wald und Wiesen bis nach Igls schlängelt. Leider ist die Bahn seit Jahren durch mangelnde Auslastung von der Einstellung be-droht und verkehrt nur mehr stark eingeschränkt. Aber eine Fahrt, wie einst in Kindertagen mit der Oma, lohnt sich noch immer.

Für eine schöne Runde steigt man am besten in **Igls** aus, geht durch die Obexer- und die Eichlerstraße vorbei am ehemaligen Schlosshotel hinunter nach **Vill**, von dort hinauf zu den Ausgrabungen einer Siedlung der Alpenkelten am **Goarmbichl**, dann über einen zweiten Hügel hinter einem Bauernhof und hinüber an den Waldrand. Diesen entlang durch die schöne Moorlandschaft mit ihrem Schilf und den Birken. Schließlich gelangt man zum **Lanser See**. Hier kann man einkehren oder baden oder beides. Natürlich je nach Jahreszeit.

Die Wanderung führt weiter zum **Lanser Moor**. Im Frühjahr – Ende Februar/Anfang März – gibt es am und im Moor ein Mordsspektakel, wenn die Frösche laichen. Weiter geht es zum **Lanser Kopf**. Dort findet man unter anderem einen steinernen Tisch, der einem die Richtung zu den Gipfeln der Umgebung weist. Außerdem sind Betonringe im Waldboden sichtbar. Dort standen während des Zweiten Weltkrieges Fliegerabwehr-Kanonen.

Nach dem Abstieg vom Lanser Kopf geht es entlang des Golfplatzes weiter zur **Vogelhütte**, einer legendären **Jausenstation**. Da kann man fast zu jeder Jahreszeit die Sonne und einen der ausgezeichneten Kuchen genießen.

Zurück spaziert man dann entlang der Schienen. Je nach Laune bis zur nächstgelegenen Tram-Haltestelle oder zum Parkplatz. Die Wegbeschaffenheit wechselt auf dieser Runde von Asphaltstraße über Schotterweg bis zu kleinen Steiglein. Für Kinderwägen sind nur Teile geeignet.

▶ Badezeiten
Im Sommer täglich von 9.00 bis 19.00 Uhr. www.lansersee.at

▶ Einkehrmöglichkeiten
Koi Bar, geöffnet Mittwoch bis Sonntag von 11.30 bis 19.00 Uhr. Vogelhütte (Sparbeggweg 53, 6072 Lans), geöffnet Dienstag bis Sonntag sowie an Feiertagen ab 10.00 Uhr.

Tantegert: Die Station der „Igler" liegt wie ein Hexenhäuschen im Wald.

Innsbruck

Innsbruck mit seinen rund 130.000 Einwohnern ist die Tiroler Landeshauptstadt. Ihre Bedeutung hat sie als Universitäts-, Kongress- und Sportstadt, als Sitz der Landesregierung, der Universitätsklinik und vieler Behörden, aber auch als Verkehrsknotenpunkt.

Historisches Zentrum Innsbrucks ist die **Altstadt**, in der sich einige der wichtigsten und ältesten Sehenswürdigkeiten befinden: das Goldene Dachl, der Stadtturm, der Dom zu St. Jakob, das Helblinghaus. Den **Stadtturm** im historischen Rathaus kann man auch erklimmen und hat von dort oben einen wunderbaren Überblick über die Stadt.

Im Sommer ist die Altstadt zuweilen recht überlaufen, aber schon in den kleineren Seitengassen der Herzog-Friedrich-Straße findet man Ruhe und gemütliche Lokale. Gleich anschließend an die Altstadt nach Osten befinden sich die Hofburg mit der Hofkirche, diesen gegenüber das Haus der Musik und das Landestheater. Grüne Oase ist der **Hofgarten**.

Innsbrucks Wahrzeichen: das Goldene Dachl.

Die Flanier- und Einkaufsmeile ist die Maria-Theresien-Straße mit einer Vielzahl von Lokalen, Geschäften und dem Kaufhaus Tyrol. Aber auch am Markt- und Burggraben, in der Museumstraße und in einem Teil der Anichstraße lässt es sich gut shoppen. Wer heimische Köstlichkeiten vom Bauern möchte, der ist in der Markthalle am richtigen Ort.

Als Sehenswürdigkeiten interessant sind in der Maria-Theresien-Straße die Annasäule und die Triumphpforte. Diese begrenzt die Straße nach Süden. Im daran anschließenden Stadtviertel Wilten hat sich rund um das **Wiltener Platzl** in den letzten Jahren eine kleine, etwas „hippe"

Die bunten Fassaden von Mariahilf.

Szene entwickelt, mit vegetarischen Lokalen, Slow-Food, Upcycling-Läden und Ähnlichem.

Nördlich des Inns begibt man sich in den eigentlich ältesten Stadtteil von Innsbruck: **Anpruggen** – an der Brücke gelegen. Dort ist vor allem die Häuserzeile in der Innstraße, ebenso wie in Mariahilf, sehenswert und ein beliebtes, buntes Fotomotiv. In **Mariahilf** befindet sich auch die gleichnamige Kirche, die einzige, die sich im Besitz des Landes Tirol befindet.

Geht man von der Innbrücke durch die Höttinger Gasse einige Minuten aufwärts, befindet man sich plötzlich in einem Dorf: **Hötting**. Und das kommt nicht von ungefähr, wurde Hötting als Stadtteil doch erst 1938 Innsbruck eingemeindet. Seinen dörflichen Charakter konnte es sich aber teilweise bis heute bewahren. Einige der alten Bauernhäuser sind ebenso interessant wie die Alte Höttinger Kirche. Eine Besonderheit ist der an der Höhenstraße gelegene kleine **Pestfriedhof**.

Apropos Friedhöfe: Wer sich gerne auf solche zurückzieht, dem sei der **Mühlauer Friedhof** empfohlen. Er hat vor allem durch die Dichter,

Beliebtes Ziel, nicht nur für den Sonntagsspaziergang: Alpengasthof Rauschbrunnen.

Künstler und Denker Bekanntheit erlangt, die dort begraben liegen: Georg Trakl, Ludwig von Ficker, Joseph Georg Oberkofler, Gerhild Diesner … Oder aber, man besucht den **jüdischen Friedhof**, welcher Teil des Westfriedhofes ist.

In der Geschichte Tirols ein ganz besonderer Ort ist der **Bergisel** (Tipp Nr. 54). Zu dessen Fuße liegen das Kloster sowie die **Basilika Wilten**. Bevor man zu Fuß über einen breit angelegten Weg mit pompösen Steinbänken auf den Bergisel selbst gelangt, bietet sich das **Bierstindl** zur Einkehr an. Es hat den vermutlich größten und urtümlichsten Gastgarten Innsbrucks zu bieten. Auf dem Bergisel selbst findet man die Statue des Tiroler Volkshelden Andreas Hofer, der hier gegen die Bayern 1809 den Kampf anführte. Außerdem das **Tirol Panorama**, in dem sich das **Riesenrundgemälde** zur August-Schlacht am Bergisel befindet, sowie das **Kaiserjägermuseum**. Gewissermaßen noch eine Etage höher befindet sich die **Sprungschanze**, erbaut von Zaha Hadid.

Die britisch-irakische Star-Architektin Hadid hat sich in Innsbruck aber gleich doppelt verewigt. Neben der Sprungschanze hat sie auch die

Vom Auslauf der Sprungschanze am Bergisel liegt einem die Stadt zu Füßen.

Stationen der neuen **Hungerburgbahn** gestaltet, deren Architektur das fließende Eis der Gletscher nachempfinden soll.

Neben Hadid haben noch andere prominente Architektinnen und Architekten in der Tiroler Landeshauptstadt ihre Spuren hinterlassen und ihr so zu einem Namen in der modernen Architektur verholfen: Dominique Perrault plante das **neue Rathaus** mit den Rathausgalerien, David Chipperfield plante das **Kaufhaus Tyrol** und auch das **Haus der Musik** der heimischen Architekten Strolz, Dietrich und Untertrifaller reiht sich hier ein. Eine **Architektur-Tour** durch das Innsbrucker Zentrum lohnt sich also.

Das Gemeindegebiet von Innsbruck ist freilich viel größer als die eigentliche Stadt. Es reicht im Südosten bis Vill und Igls, im Norden bis weit ins Karwendel. Selbst die Möslalm gehört noch dazu. Dementsprechend ist die Stadt auch sehr von den sie umgebenden Bergen geprägt: der Nordkette, dem Patscherkofel, der Nockspitze. Allesamt lassen sich sehr gut mit **Bergbahnen** erreichen, was Innsbruck und seine Umgebung einzigartig macht: Während des Tages unterwegs in den Bergen, am Abend schon wieder zum Essen in einem Restaurant der Stadt oder im Theater.

Der gute Ton:
Glockenmuseum

▶ Anfahrt

Mit Straßenbahnlinie 1 bis Endstation Bergisel. Von dort 5 Minuten zu Fuß zur Glockengießerei. Mit dem Pkw über die A 12, Ausfahrt Innsbruck Mitte, oder über die A 13, Ausfahrt Innsbruck Süd. Das Museum (Leopoldstr. 53, 6020 Innsbruck) liegt an der Kreuzung Egger-Lienz-Straße/Leopoldstraße. Gebührenpflichtige öffentliche Parkplätze sind vorhanden.

▶ Öffnungszeiten

Montag bis Freitag von 9.00 bis 17.00 Uhr. Vom 1. Mai bis 31. Oktober auch samstags von 9.00 bis 17.00 Uhr. www.grassmayr.at

Eine Glocke zu gießen, ist eine unglaublich archaische, schmutzige, anstrengende und gefährliche Arbeit. Doch am Ende, wenn der Lehm heruntergeschlagen ist, ist ein Kunstwerk entstanden. Egal, wie groß oder klein.

Wohl kaum jemand hat es in der Glockengießerei weltweit zu solcher Meisterschaft gebracht wie die Firma Grassmayr in Innsbruck. In einem kleinen **Museum** am Betriebssitz in Innsbruck kann man mehr über die Geschichte der Glocken allgemein, aber auch deren Entstehung erfahren. Zum Teil ist da auch durchaus kurioses Wissen dabei. Denn wer hätte gedacht, dass Glocken – heute ein fixer Bestandteil der katholischen Kirche – dieser zu Beginn suspekt waren, weil sie aus dem „Heidentum" kamen? Schon in der Antike wurden nämlich Glocken verwendet, zur Nachrichtenübermittlung, aber auch zu kultischen Zwecken. Heute sind sie freilich viel mehr als das: sie sind Musikinstrumente. Und deren Klang – oder eigentlich sind es Klänge – ist das Erste, was man bedenkt, bevor man eine neue Glocke gießt. Über 400 Jahre Erfahrung durch 14 Generationen hat die Familie Grassmayr hier zu Spezialisten werden lassen. Ihre Glocken klingen in der ganzen Welt.

Auch der Prozess, **wie die Glocke entsteht**, wird genau beschrieben, unter anderem mittels eines Films: Zuerst wird der Innenraum mit Ziegeln und Lehm gebaut, dann aus Ton eine falsche Glocke darüber. Auf dieser werden Verzierungen und Schriften aus Wachs aufgebracht. Darüber wird, wieder aus Lehm, die äußere Form angebracht. Diese wird dann angehoben, die falsche Glocke entfernt. In diesen Hohlraum wird schließlich die Glockenbronze gegossen. Über 1100 Grad ist sie heiß. Damit das flüssige Metall die Form nicht sprengt, wird sie vollständig in der Erde eingegraben. Erst nach vier Tagen kann man den Mantel entfernen. Und dann weiß man, ob man ein Klangkunstwerk geschaffen hat oder von vorne beginnen muss.

Den Guss selbst bekommt man nur im Film zu sehen. Er wird in der Regel in der Nacht durchgeführt. Man kann aber durch eine Glastür in die Werkstatt der Gießerei schauen und wenn man Glück hat, sieht man einen Teil der oben beschriebenen Arbeit. Besichtigen kann man aber die alte, düstere **Gießerei** mit deren Öfen. Dort hängt auch eine Glocke, die man anschlagen und sich dabei etwas wünschen kann. Auch ein Glockenspiel ist dort angebracht.

Im **Shop** kann man sich selbstverständlich eindecken: von der veritablen Glocke für eine mittelgroße Kapelle bis zum Weihnachtsglöckchen gibt es alles zu kaufen. Und auch andere Bronze-Gegenstände, die die Firma noch herstellt.

▶ Tipp

Die wohl bekannteste Grassmayr-Glocke in Tirol steht auf einer aussichtsreichen Kuppe bei Mösern. Es ist die **Friedensglocke des Alpenraumes**. Sie wurde 1997 anlässlich des 25-Jahr-Jubiläums der Gründung der Arbeitsgemeinschaft Alpenländer (Arge Alp) eingeweiht. Jeden Abend um 17 Uhr wird sie angeschlagen.

▶ Anfahrt

Mit ÖBB bis Seefeld oder Telfs und Bus 8354 (ab Telfs bzw. Seefeld). Mit dem Pkw über die A 12, Ausfahrt Zirl, über den Zirlerberg und Seefeld nach Mösern. Oder A 12, Ausfahrt Telfs Ost oder West, und Weiterfahrt nach Mösern.

Die Friedensglocke in Mösern.

Abenteuer Hören: Audioversum

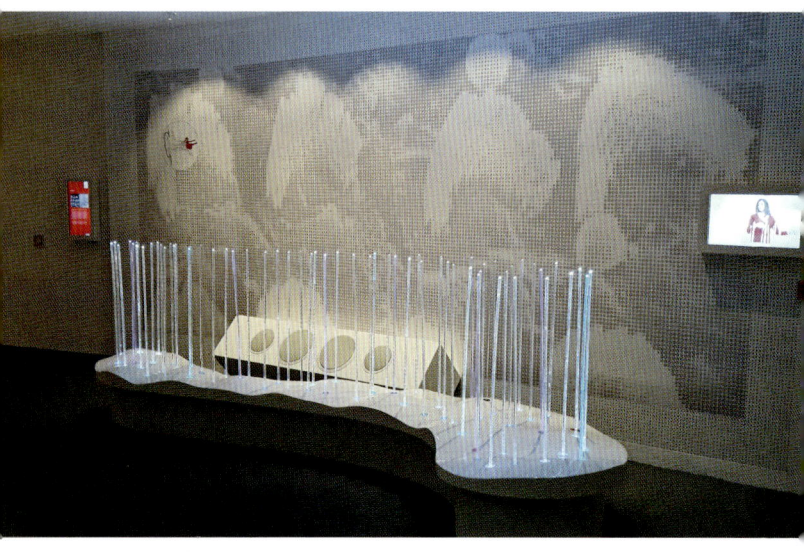

▶ **Anfahrt**

Mit ÖBB bis Innsbruck Hauptbahnhof, von dort 10 Minuten zu Fuß zum Audioversum (Wilhelm-Greil-Straße 23). Mit Pkw über die A 12 oder A 13, bis Ausfahrt Innsbruck Ost bzw. Mitte. Fahrt bis ins Stadtzentrum. Nächste Parkgarage: Landhausplatz.

Für gewöhnlich wird Hören nicht als Abenteuer, sondern als Selbstverständlichkeit wahrgenommen. Eine Sichtweise, die sich nach einem Besuch des Audioversums ändern könnte.

Die **Dauerausstellung** im Audioversum ist den verschiedenen **Facetten des Hörens** gewidmet. Da spürt man die Vibration verschiedener Klangkörper, muss einen Vogel nach Gehör „fangen" oder erlebt, wie man mit eingeschränktem Hörvermögen seine Umwelt erlebt. Seltsam, wenn man zum wuselnden Innsbrucker Stadtbild plötzlich keinen Ton mehr hat. Faszinierend auch, wenn man anhand eines dreidimensionalen Schnittes durchs Gehirn sehen kann, welche Aktivität welche „Windungen" beansprucht: Hören, Lesen, Sprechen …

Bei einem Gang durch den ersten Teil der Dauerausstellung wird einem vor allem bewusst, wie schlimm ein Verlust des Hörvermögens sein muss. Und hier kommt die 1990 in Innsbruck gegründete **Firma Med-El** ins Spiel, die das Audioversum ins Leben gerufen hat. Sie stellt Implantate her, die gehörgeschädigten Menschen die Möglichkeit geben, wieder ohne große Einschränkungen am gesellschaftlichen Leben teilzunehmen. Der zweite Teil der Dauerausstellung ist daher der Technik dieser Cochlea-Implantate und der Firmengeschichte gewidmet.

Regelmäßig finden auch **Sonderausstellungen** statt, die sich meist um die Sinnesorgane und das Gehirn drehen.

Hinweis: Zum Teil ist bei einem Besuch des Audioversums eine ziemliche Technikaffinität notwendig, sonst findet man sich nicht auf Anhieb zurecht. Dies gilt besonders für die Generationen, die noch nicht mit dem Touchscreen aufgewachsen sind. Wenn möglich, sollte man eine Führung mitmachen.

► **Öffnungszeiten**
Dienstag bis Sonntag von 10.00 bis 17.00 Uhr, an Feiertagen geschlossen.
www.audioversum.at

Im Audioversum hört man mit allen Sinnen.

Vier besuchenswerte Häuser: Tiroler Landesmuseen

▶ Anfahrt
Am besten mit öffentlichen Verkehrsmitteln der Innsbrucker Verkehrsbetriebe (IVB). Es gibt keine museumseigenen Parkplätze für Besucher-Pkw.

Die Tiroler Landesmuseen bestehen aus vier Häusern: dem Landesmuseum Ferdinandeum, dem Zeughaus, dem Volkskunstmuseum und dem TirolPanorama mit Kaiserjägermuseum. Die zwei Letztgenannten werden an anderer Stelle besprochen (Tipp Nr. 54 und Nr. 60). Ein fünftes Gebäude, das Forschungs- und Sammlungszentrum (SFZ) in Hall, ist nur zu besonderen Terminen zugänglich.

Das **Ferdinandeum** in der Museumstraße ist historisch und organisatorisch das Haupthaus. Schon 1823 wurde ein Museumsverein unter der Patronanz von Erzherzog Ferdinand gegründet, 1842 bis 1845 dann das Ausstellungsgebäude in der Museumstraße errichtet. Es beinhaltet heute

Kunst verschiedener Epochen und **Sonderausstellungen**. In der zukünftigen Ausrichtung soll es einen Schwerpunkt in moderner Tiroler Kunst bekommen. Außerdem befindet sich dort die **Bibliothek**, die für Historiker und historisch Interessierte generell eine wichtige Anlaufstelle ist. Nicht zuletzt wegen des umfassenden Zeitungsarchives und der einzigartigen Tirolensien.

Das **Zeughaus** in der gleichnamigen Gasse war von 1500 bis 1503/06 als Depot für Geschütze, Pulver und Ausrüstung der Landsknechte Kaiser Maximilians I. errichtet worden. Wegen der Gefährlichkeit der gelagerten Materialien stand es abseits der damaligen Stadt Innsbruck. Den Zweck als militärische Liegenschaft behielt es bis 1955. Heute sind darin unter anderem historische, naturhistorische, technik- und wissenschaftsgeschichtliche Exponate ausgestellt. Auch gibt es jedes Jahr die etwas andere **Sonderausstellung**: etwa zum Thema Spiele, Musik oder Radfahren. Jeden August ist der Innenhof in Kooperation mit Treibhaus und Leokino/Cinematograph außerdem Saal für das älteste **Innsbrucker Freiluftkino**.

▶ **Öffnungszeiten**
Ferdinandeum (Museumstr. 15) und Zeughaus (Zeughausgasse 1) sind von Dienstag bis Sonntag von 9.00 bis 17.00 Uhr geöffnet; die Bibliothek im Ferdinandeum ist Dienstag bis Freitag von 10.00 bis 17.00 Uhr zugänglich.
www.tiroler-landesmuseen.at

Das Ferdinandeum ist das Herzstück der Tiroler Landesmuseen, zu denen auch das Zeughaus (Bild links) gehört.

Stuben und schwarze Mander: Volkskunstmuseum und Hofkirche

▶ **Anfahrt**
Mit ÖBB bis Innsbruck Hauptbahnhof, weiter ca. 15 Minuten zu Fuß zum Volkskunstmuseum (Universitätsstr. 2). Mit dem Pkw über die A12 oder A13 nach Innsbruck. Nächstgelegene Parkgaragen: Congress, Sozial- und Wirtschaftswissenschaftliche Fakultät.

Wie tief das Leben im alten Tirol – also auch im heutigen Südtirol und Trentino – vom Glauben geprägt war, das wird einem erst bei einem Besuch im Volkskunstmuseum bewusst. Tief verflochten waren Alltag und Religion in allen Belangen.

Ein **Ausstellungszyklus** im Museum heißt daher „Das pralle Jahr". Er beschreibt das Jahr anhand der kirchlichen Feste, verbunden mit **Brauchtum** und den Tätigkeiten auf dem Feld. Ein anderer nennt sich „Das prekäre Leben" und beschäftigt sich mit den Sorgen und Ängsten, mit Geburt und Tod der Menschen. Ganz besonders im Gedächtnis bleiben einem die verschiedenen **Stuben**. Überdurchschnittlich viele stammen aus dem heutigen Trentino, dem früheren Welschtirol. Die Palette reicht vom niederen, nahezu zierdelosen Zimmer bis zu herrschaftlichen Räumen mit prächtig geschnitzten Decken, bemalten Kachelöfen und gediegenem Mobiliar.

Auch dem Thema **Tracht** widmet sich ein Teil des Museums. Erst folgt gewissermaßen die Entzauberung, indem eine Figur in Tracht in einem nachgebauten Fotostudio um 1900 vor einer gemalten, idyllischen Naturlandschaft steht. Damals galt die Tracht nicht mehr viel, man wollte lieber wie die Städter gekleidet sein. Dennoch sind die dann folgenden Vitrinen mit der charakteristischen Kleidung der verschiedenen Talschaften beeindruckend und es wird einem klar, dass es sich um Festtagsgewänder gehandelt hat. Für den Alltag waren sie nicht tauglich und auch zu teuer.

Nur über das Volkskunstmuseum zugänglich ist die **Hofkirche**. Wegen der 28 überlebensgroßen Bronzefiguren ist sie im Volksmund auch als **Schwarz-Mander-Kirche** bekannt. Sie wurde von Kaiser Ferdinand I. von 1553 bis 1563 zum Gedenken an seinen Großvater Maximilian I. errichtet. Dort fand auch das leere Grabmal einen Platz, das Maximilian für sich bauen hatte lassen, das aber noch nicht fertig war, als er 1519 starb. Auch die Bronzefiguren hatte Maximilian in Auftrag gegeben. Sie sollen seine Vorfahren und Vorbilder darstellen. Wobei es der Kaiser mit seiner Ahnenlinie aber nicht zu genau nahm.

Ebenfalls in der Hofkirche findet man das recht schlichte **Grab** des Tiroler Volkshelden **Andreas Hofer**. Er war 1810 in Mantua hingerichtet worden, 1823 überführte man seine Gebeine aber nach Innsbruck. Auch einige seiner Mitstreiter sind dort begraben. Einen schönen Überblick über die Hauptkirche hat man übrigens von einer Empore, die von der Ausstellung „Das prekäre Leben" im Volkskunstmuseum zugänglich ist.

Von Bedeutung sind auch noch die **Silberne Kapelle** und die über 450 Jahre alte **Ebert-Orgel**.

▶ **Öffnungszeiten**
Täglich von 9.00 bis 17.00 Uhr. Hofkirche: Montag bis Samstag von 9.00 bis 17.00 Uhr, sonn- und feiertags von 12.30 bis 17.00 Uhr (vorher hl. Messen).
www.tiroler-landesmuseen.at

Eine der zahlreichen Stuben des Volkskunstmuseums.

Vielseitigkeitssieger: Innpromenade

▶ Anfahrt

Am besten mit den öffentlichen Verkehrsmitteln, Parkplätze sind in der ganzen Stadt gebührenpflichtig. Eine vollständige Auflistung der Spiel- und Sportplätze findet sich unter www.innsbruck.gv.at/page. cfm?vpath=freizeit--sport/ parks-und-spielplaetze.

Die Innpromenade in Innsbruck mag einem auf den ersten Blick vielleicht nicht als Freizeittipp einfallen. Vielleicht, weil sie immer da ist, so fix ins alltägliche Stadtbild gehört. Doch beim näheren Hinsehen zeigt sich, dass die Ufer links und rechts des Inns von der Vielseitigkeit her unschlagbar sind.

Das beginnt bei den **Sportmöglichkeiten**: Es führen zahlreiche ausgeschilderte **Laufstrecken** am Fluss entlang, vielleicht mit dem einen oder anderen kleinen Abstecher: zum Beispiel die Campusrunde, der Fünf-Brücken-Lauf oder „Grenoble Speed". Die Längen variieren von 2,4 bis 13,3 Kilometer, die Höhenmeter sind vernachlässigbar. Dass das Angebot zieht, sieht man von frühmorgens bis spätabends: Es wird gerannt und geschwitzt. Und weil praktisch in derselben Länge auch **Radwege** am Inn vorhanden sind, lässt sich das Ganze natürlich auch bestens auf dem Drahtesel machen.

Entlang der Strecke gibt es aber auch zahlreiche **Sportplätze**, hauptsächlich **für Ballsportarten**: etwa im Waltherpark, in der Fischnalerstraße (hier auch **Tischtennis**), auf Höhe der NMS Hötting (**Slacklinepfosten**), des Universitäts-Sportgeländes oder an der Grünbacherpromenade. Rasch ein Team gebildet und los geht das Basketball- oder Beachvolleyball-Match.

Und nicht zuletzt gibt es eine Unmenge an **Kinderspielplätzen** in jeder Größe und Ausstattung am Inn, vom Olympischen Dorf bis zum Flughafen: Arthur-Haidl-Promenade, Mariahilf, Huttererpark, Traklpark und so weiter. Die Eltern können sich inzwischen auf eine der Bänke setzen oder in die Wiesen legen.

▶ **Die verschiedenen Laufstrecken am Inn** (aber nicht nur die) finden sich unter www.innsbruck.info/sport/sommer/laufen-und-walken

Der Huttererpark ist nur eine von vielen Grünflächen am Inn.

Lebensgefühl Klettern und Skaten: Sillside

▶ **Öffnungszeiten Kletterzentrum**

Montag bis Freitag von 9.00 bis 23.00 Uhr, samstags, sonn- und feiertags von 9.00 bis 22.00 Uhr. www.kletterzentrum-innsbruck.at

▶ **Öffnungszeiten Skaterhalle**

Montag bis Freitag von 14.00 bis 22.00 Uhr, samstags, sonn- und feiertags von 10.00 bis 22.00 Uhr (Achtung, manchmal nur BMX bzw. nur Skate). www.skatehalle.at

Die Mauern im Kletterzentrum haben Ausschlag. Rote, grüne, blaue Wölbungen wachsen aus den Wänden. Manche sind massiv, bizarr geformt, manche gerade einen Finger groß. Das sind die Griffe in Tirols größter und modernster Kletterhalle. Ja, sogar weltweit ist das Innsbrucker Zentrum vorne mit dabei.

Weil die alte Kletterhalle beim Tivoli aus allen Nähten platzte, entstand 2017 an der Sill um rund 12 Millionen Euro ein Zentrum, das alle Stückerln spielt. Landmarke sind drei Klettertürme im Freien, in der Halle wurden **500 Routen und unzählige Bouldermöglichkeiten** (Klettereien, bei denen ein gefahrloser Absprung auf Matten möglich ist) geschaffen. Das Angebot richtet sich an Spitzensportler ebenso wie an Hobbykraxlerinnen. Die Halle ist folgerichtig auch für die Austragung von Wettkämpfen geeignet. Und natürlich für die Kletterei aus reinem Spaß. Auch einen eigenen **Kinderbereich** gibt es.

Für Seminare zum Thema Sicherheit und Training stehen eigene Räumlichkeiten zur Verfügung. Abhängen kann man im **Bistro**. Dort können auch Besucher das ganz besondere Flair der Kletterszene „genießen". Zum Kaffee werden Magnesium- und Schweißgeruch sozusagen mitgeliefert. Wer keine eigene Ausrüstung hat, und sich eine kaufen oder ausleihen möchte, für den gibt es einen Shop.

Doch die Sillside ist nicht nur ein Dorado für Kletterer. Es gibt dort bereits seit 2011 auch eine 2000 Quadratmeter große **Skate- und BMX-Halle**. Im Sommer 2019 wurde sie restauriert. Sie bietet eine ausgewogene Mischung aus Street Parcours und klassischen Park-Elementen wie Bowl, Miniramps oder Wallride.

► **Nächstgelegene Bus-/ Straßenbahnlinien**
B (direkt), 2, 5, R, T. Anfahrt mit dem Pkw über die A 12, Ausfahrt Innsbruck Ost, bei der 1. Ampel links abbiegen, dann dem Verlauf der Andechsstraße folgen, weiter die Herzog-Eugen-Straße über die Sillbrücke, nach dem MPreis rechts in die Matthias-Schmid-Straße. Wochentags gebührenpflichtige Parkplätze.

► **Weitere Kletterhallen**
• Koasa Boulder, St. Johann i. T., https://boulderhalle-stjohann.at/
• Kletterhalle Wörgl, www.kletterhalle-woergl.at
• Kletterzentrum Zillertal, Aschau i. Z., www.kletterzentrum-zillertal. at/kletterhalle-zillertal
• Kletterarena Wattens, www.kletterarena-wattens.at
• Basecamp Matrei, www.basecamp-tirol.at
• Bergstation, Telfs, www.bergstation.tirol
• Kletterzentrum Imst, www.kletterhalle.com
• Tennishalle und Kletterhalle Ehrwald, www.ehrwalder-eg.at
• Kletter- & Bouldertreff, Tannheim, www.tannheimertal.com/kletterbouldertreff
• Arlrock, St. Anton, www.arlrock.at
• Bei fast allen Ortsstellen des Österreichischen Alpenvereins

Nahe der Sill liegt die „Heimat" der Innsbrucker Kletter- und Skaterszene.

Eine Oase in der Stadt: der Botanische Garten

► **Anfahrt**
Busse der Linien A und H halten direkt beim Botanischen Garten.

► **Öffnungszeiten**
Die Freiflächen sind ganzjährig täglich von 7.30 Uhr bzw. 8.00 Uhr (samstags, sonn- und Feiertags) frei zugänglich – in den Wintermonaten November bis Februar bis 17.00 Uhr, im März bis 18.00 Uhr, von April bis Ende Oktober bis 19.00 Uhr.
Die Gewächshäuser sind am Dienstag und Donnerstag und jeden 1. Sonntag im Monat von 13.00 bis 17.00 Uhr geöffnet.
www.uibk.ac.at/botany/botanical-garden/index.html.de

Der Botanische Garten mag im Vergleich zu ähnlichen Gärten anderer Städte klein sein, aber er ist oho. Nahezu jedes Jahr erfinden die Gärtnerinnen und Gärtner dieses kleine Fleckchen Erde neu.
Ursprünglich wurde er ausschließlich für Lehr- und Studienzwecke des benachbarten Botanischen Institutes der Universität Innsbruck angelegt. Seit 1906 ist er aber auch der Öffentlichkeit zugänglich.
Wer ihn betritt, dem sticht zuallererst der Seerosenteich ins Auge. Rund um den Teich ist ein **Steingarten** angeordnet, allerdings ein ziemlich großer. Dort sind alpine Pflanzen nach den Kontinenten gegliedert: von Rhododendren bis zu Kakteen, vom Edelweiß bis zu fleischfressenden Pflanzen. Besonders im Frühjahr tummeln sich hier die Fotografen auf der Jagd nach bunten, blühenden Motiven.

Im nordöstlichsten Eck befindet sich der „**System-garten**", der die Ordnung der Pflanzen darstellt. Dort ist auch der Zugang zu einer Besonderheit des Innsbrucker Botanischen Gartens: zur historischen **Sternwarte** (geöffnet nur mittwochs von 16.30 bis 18.30 Uhr). Sie wurde 1904 von Egon von Oppolzer, der unweit in einer Villa wohnte, aus eigenen Mitteln errichtet. Oppolzer starb schon drei Jahre nach der Fertigstellung an einer Blutvergiftung. Die Sternwarte wurde aber bis in die 1970er-Jahre zu Forschungszwecken genützt, danach nur mehr zur Ausbildung der Studierenden. Vor einigen Jahren wurde sie behutsam renoviert und stellt mit den Originalinstrumenten ein Stück Innsbrucker Wissenschaftsgeschichte dar.

In den Wiesen des Gartens darf man sich gerne auch einmal auf ein Schläfchen hinlegen. Aber eigentlich gibt es viel zu viel zu sehen, um ein Nickerchen zu machen. Etwa den **Tastgarten**, dessen Beschreibungstäfelchen auch in Brailleschrift zu begreifen sind, die Heil-, Gift- und Gewürzpflanzen, oder das **Farnquartier** an der westlichen Grenze des Geländes. Und selbstverständlich das **Gewächshaus** mit seinen tropischen und subtropischen Pflanzen. Insgesamt werden 7000 Pflanzen auf dem zwei Hektar großen Areal gehegt und gepflegt.

Und es vergeht auch kein Jahr, in dem die Mitarbeiter des Botanischen Gartens und Instituts Besucher nicht mit einer größeren oder kleineren Sonderausstellung überraschen. Mal geht es um die Ernährung der Welt, mal um Pflanzen unter Druck im alpinen Raum. Ein besonderes Highlight ist die Schmetterlingsschau, die im Abstand von einigen Jahren in einem der Gewächshäuser stattfindet. Und so ganz nebenbei findet man jede Menge permanente und temporäre Kunst und Kultur im Garten. Diese ist freilich nicht mit Versuchsanordnungen des Instituts für Botanik zu verwechseln, selbst wenn die zuweilen auch wie moderne Kunst aussehen.

► **Hinweis**

Teile des Parks (leider nicht die Gewächshäuser) sind auch mit Kinderwagen oder Rollstuhl gut zu befahren, es existiert auch ein taktiles Leitsystem für Menschen mit Sehbehinderung. Hunde dürfen nicht mit in den Garten.

Der Eintritt in den Garten selbst ist frei, nur der Besuch der Gewächshäuser und Sonderausstellungen kostet etwas. Als Mitglied des Vereins der Gesellschaft des Botanischen Gartens genießt man allgemein freien Eintritt.

Schauen, tasten, riechen: Lernen im Botanischen Garten.

Von Steinböcken und Bären: Alpenzoo Innsbruck

▶ **Anfahrt**

Ab Congress oder Löwenhaus mit der Hungerburgbahn bis zur Mittelstation/Station Alpenzoo (Kombitickets erhältlich). Bus W ab Marktplatz. Anfahrt mit dem Pkw: Der Alpenzoo (Weiherburggasse 37a) ist an nahezu allen großen Kreuzungen in Innsbruck ausgeschildert. Gebührenpflichtige Parkplätze vorhanden.

▶ **Einkehrmöglichkeit**

Bistro „Animahl" auf dem Zoogelände. www.alpenzoo.at

Es gibt keine Elefanten und auch keine Dinosaurier im Alpenzoo. Darauf wird auf einem Schild unweit des Eingangs gleich aufmerksam gemacht, um Fragen von womöglich enttäuschten Kindern vorzubeugen. Der Innsbrucker Zoo ist nämlich – der Name sagt's – ausschließlich Tieren gewidmet, die in den Alpen vorkommen. Und von denen gibt es im großen, weiten Alpenbogen wahrlich genug, nämlich an die 30.000.

Davon kann man freilich im Alpenzoo nur eine repräsentative Auswahl ansehen. In den verschiedenen Gehegen, Volieren und Aquarien tummeln sich an die **2000 Tiere**: vom Bär bis zur Ringelnatter, vom Steinadler bis zur Gebirgsforelle. Auf dem Weg von Tier zu Tier erfährt man aber auch etwas über die Geologie der Alpen, ihren Bewuchs und anderes Wissenswertes.

Bei Kindern kommt zuweilen Enttäuschung auf, wenn sie nicht gleich die Tiere in den Gehegen sehen können. Aber manchmal braucht es eben etwas Geduld, bis der **Fischotter** lustig aus einem hohlen Baum blinzelt, oder man den **Luchskater** hoch oben im Baum entdeckt, wo er ein Mittagsschläfchen hält. Auch die **Bären**, einer der Haupt-Anziehungspunkte im Zoo, sind nicht immer in der Laune, sich zu präsentieren. Da hilft es, mit den Kleinen zum **Spielplatz** auf dem Areal zu gehen und vielleicht später noch einmal vorbeizuschauen. Auch einen Bereich mit **Haustieren** gibt es, wo speziell die Kleinen in Kontakt mit Kuh und Schaf kommen können. Ratsam ist auch, einen kleinen Gucker mitzunehmen. Speziell die Vögel, die irgendwo im Geäst sitzen, kann man mit freiem Auge oft schwer ausmachen. Hunde dürfen nicht mitgenommen werden!

Hinweis: Der Alpenzoo zieht sich den Hang westlich und nördlich der Weiherburg hinauf und überwindet immerhin 100 Höhenmeter. Die Wege sind daher zwar breit und schön, aber zuweilen auch steil für Menschen mit Gehproblemen. Es soll aber demnächst ein Zoomobil geben, das dann den Zugang zu den steilen Passagen der Anlage erleichtert.

▶ Öffnungszeiten
April bis Oktober täglich von 9.00 bis 18.00 Uhr; November bis März von 9.00 bis 17.00 Uhr.

▶ Tipp
Die idealste Zeit, um den Alpenzoo zu besuchen, ist der Frühling bzw. Frühsommer. Da sind bei ganz vielen Tieren nämlich gerade die Jungen auf die Welt gekommen. Und die verzücken nicht nur Kinder, sondern alle Altersschichten. Aber auch zu anderen Jahreszeiten tut sich was. Im Winter befinden sich nur einige wenige Tiere im Schlaf, im März findet bei den Vögeln die Balz statt.

Elch, Bär und fast 2000 andere Tiere bewohnen den Alpenzoo.

Zum Austoben für alle: Mutterer Alm

▶ **Anfahrt**

mit Stubaitalbahn STB, Haltestelle Nockhofweg, dann 600 m zu Fuß. Mit Pkw über A 13 bis Ausfahrt Innsbruck Süd, eine Wende um die Tankstelle nach Süden, im Kreisverkehr nach Mutters, dann den Schildern zur Muttereralmbahn (Nockhofweg 40, 6162 Mutters) folgen.

Wer an einem schönen Sommertag so gegen halb neun Uhr morgens an der Talstation der Muttereralmbahn meint, er sei früh dran, der irrt. Der halbe Parkplatz ist schon voll, Downhiller ziehen ihre „Rüstung" an, Kinder warten ungeduldig an der Hand ihrer Eltern auf die erste Gondel. Auf der „Mutterer", da kann sich im Sommer einfach jeder austoben. Das Angebot ist riesig: Es reicht von Biketrails über den Speichersee bis zu den Bäumelhäusern.

Für die ersten Versuche im **Downhillen** kann man sich an der Talstation das gesamte Material ausborgen. Am Berg angekommen, gibt es einen kleinen Übungstrail für die Kleinsten. Die Strecke „The First One" ist für alle Einsteiger geeignet, ja sogar für ganze Familien. Aber natürlich gibt es auch scharfe Trails, die schon ordentliches Können und eine Portion Mut voraussetzen.

Ebenfalls beliebt, um wieder ins Tal zu kommen, sind die **Mountain Carts**. Mit den Dreirädern kann man die Schotterpiste hinunterfahren, die eigens neben dem normalen Weg angelegt wurde.

Wer es lieber gemächlich mag, für den ist vielleicht **Yoga am Speichersee** das Richtige. Eine phänomenalere Aussicht kann man bei seinen Übungen nicht haben als von diesem Platz. Tische und Bänke am See laden aber auch zu einer gemütlichen Jause ein.

Schließlich ist da noch eine ganze **Kinderwelt** zu entdecken: Die **Bäumelhäuser** sind Stege und Plattformen, die an Seilen zwischen den Bäumen festgemacht sind. Beim **Zauberwasser** warten große und kleine Wasserräder und Wasserrutschen auf die Kleinen. Da kann man auch ruhig herumplantschen und nass werden. Im **Bewegungspark** werden Balance und Koordinationsgefühl gefördert. Aber selbstverständlich gibt es auch einen ganz „normalen" **Spielplatz**, wo man Sandburgen bauen kann.

Und nicht zuletzt ist die Mutterer Alm idealer **Ausgangspunkt für Wanderungen** und Mountainbike-Touren. So lässt es sich zum Beispiel ohne große Höhenunterschiede wunderbar über die Raitiser (nicht bewirtschaftet) auf die Kreither Alm wandern. Nach einer Stärkung auf der zweiten Alm schließlich in Kreith angekommen, kann man den Rückweg mit der **Stubaitalbahn** (Tipp Nr. 53) nehmen. Oder natürlich zu Fuß gehen.

► **Wechselnde Betriebszeiten** bitte der Homepage entnehmen: www.muttereralm.at

Was für ein Spaß: Alles wackelt und schaukelt auf den Bäumelhäusern.

Pioniergeist I:
Innsbrucks Bergbahnen

Beim Bau von Seilbahnen auf die Berge war Innsbruck durchwegs vorn dabei. Nur wenige Bahnen in Tirol wurden früher errichtet als die rings um die Landeshauptstadt. Seither haben sie zwar eine wechselhafte Geschichte durchlaufen, aber sie bringen nach wie vor Menschen verlässlich auf den Patscherkofel oder die Nordkette.

Die Nordkettenbahn: Mit dem Bau wurde 1927 durch die damals noch eigenständige Gemeinde Hötting begonnen. Baumeister war Karl Innerebner, der unter anderem auch bei der Errichtung der Mittenwaldbahn (siehe Tipp Nr. 67) mitgemischt hatte. Am 9. Juli 1928 wurde die Strecke Hungerburg – Seegrube eröffnet, knapp 14 Tage später der Abschnitt von der Seegrube aufs Hafelekar. Die Stationsbauten entwarf der Architekt Franz Baumann in dem ihm ganz eigenen Stil. Sie stehen heute unter Denkmalschutz und wurden bei der Modernisierung der Bahn 2005 sehr behutsam adaptiert. In der Talstation befindet sich auch ein kleines **Seilbahnmuseum**, das zu den Betriebszeiten zugänglich ist.

Heute wird die Nordkettenbahn einerseits sehr gerne von Touristen genutzt, weil man wohl nirgendwo sonst einen derart **spektakulären Blick** auf Innsbruck hat als von Seegrube und Hafelekar, andererseits von Einheimischen: als Transportmittel, zu den vielfältigen Freizeitmöglichkeiten, die dort oben geboten sind. Etwa um den **Innsbrucker Klettersteig** zu begehen, der wenige Meter westlich des Hafelekars beginnt. Oder um über den **Goetheweg** bis zur **Pfeishütte** zu wandern. Vielleicht auch, um sich von oben nach unten von **Alm zu Alm** vorzuarbeiten: Bodensteinalm, Höttinger Alm, Umbrüggler Alm, Arzler Alm. Wagemutige hingegen nehmen das Bike in der Bahn mit und donnern über den **Nordkette-Singletrail** ins Tal.

▶ Anfahrt

Mit Bus J oder Hungerburgbahn ab Station Congress oder Löwenhaus (kostenloses Parken mit einem Ticket der Bahn in der Congress- und City-Garage). Mit Pkw über Innsbruck-Hötting bis auf die Hungerburg. Achtung, das ganze Gebiet ist Kurzparkzone! Der Parkscheinautomat erkennt Freizeitticket, Tirol Snow Card und die Nordkette Saisonkarte und stellt Tagesparkscheine aus, die in Verbindung mit der Bahnbenützung gültig sind.

▶ Betriebszeiten

Täglich von 8.30 bis 17.30 Uhr, alle 15 Minuten.
www.nordkette.com

Blick nach Süden: Von der Sonnenterrasse auf der Seegrube überblickt man die Stadt und das Wipptal.

Der Patscherkofel ist Ausgangs- oder Endpunkt des Zirbenweges.

▶ **Anfahrt**
Bus J von Innsbruck aus oder Bus 4132/4134 (von/nach Tulfes). Mit Pkw über A 12, Ausfahrt Innsbruck Mitte, weiter über Vill nach Igls oder A 13, Ausfahrt Patsch. Kostenpflichtige Parkplätze, Gebühr wird beim Kauf einer Bahnkarte mit Ticketabschnitt refundiert.

▶ **Betriebszeiten Sommer**
Täglich von 8.30 bis 17.00 Uhr, donnerstags Abendfahrt 18.00 bis 23.00 Uhr. www.patscherkofelbahn.at

Die Patscherkofelbahn: Nahezu zeitgleich mit der Nordkettenbahn entstand auch die Bahn auf den Patscherkofel auf der gegenüberliegenden Talseite: Der erste Betriebstag der Pendelseilbahn war der 14. April 1928. Sie führte in zwei Sektionen von Igls bis zum Patscherkofel-Schutzhaus, wobei man in einer Zwischenstation Heiligwasser umsteigen musste. In jüngster Zeit durchlebte die Bahn freilich turbulente Zeiten: Nachdem die Stadt Innsbruck 2014 die Bahn von einer Firma des ÖSV-Präsidenten Peter Schröcksnadel, die den Betrieb seit 1996 geführt hatte, zurückkaufte, entschloss man sich zu einem – umstrittenen und letztlich sehr teuren – völligen Neubau. Im Dezember 2017 wurde eine **Einseil-Umlaufbahn** eröffnet, die nun nicht mehr in direkter Linie zum Schutzhaus fährt, sondern über eine Mittelstation auf Höhe der Patscher Alm. Die alte Bergstation und das Panoramarestaurant wurden abgerissen, die neue

Station bietet nun, ähnlich wie die Talstation, ein Restaurant, ein Sportgeschäft und einen Selbstversorgerraum.

Die Patscherkofelbahn ist ideal als Aufstiegshilfe für eine Wanderung auf dem **Zirbenweg** bis Tulfes oder eine kleine „**Kofel-Überschreitung**" von Boscheben über den Gipfel (vielleicht mit Einkehr in der Gipfelstube) wieder zurück zur Bergstation bzw. dem Schutzhaus. Aber man kann auch verschiedene **Almen** erreichen: Fast eben die Hochmahdalm in Richtung Südwesten mit einem tollen Ausblick ins Stubaital oder nach Osten zu die Lanser oder Sistranser Alm. Oder man steigt ganz ab bis zum **Ausflugsgasthaus Heiligwasser** mit der Wallfahrtskapelle.

So beliebt wie umstritten: die neue Patscherkofelbahn.

Die Kirche Heiligwasser mit benachbartem Gasthaus.

Pioniergeist II: Mittenwaldbahn

▶ **Anfahrt**

Am besten schon mit der Bahn nach Innsbruck. Abfahrt Innsbruck Hauptbahnhof in der Regel von Bahnsteig 21 oder 22. Fahrzeit bis Scharnitz 50 Minuten. www.oebb.at

Für viele Seefelder und Leutascher ist die Bahn nach Innsbruck natürlich nur ein Mittel zum Zweck auf dem täglichen Weg zur Arbeit. Dabei stellt sie aber noch über 100 Jahre nach ihrer Errichtung ein spektakuläres Bauprojekt dar. Eine Fahrt mit der Mittenwaldbahn sollte man so richtig genießen.

Aus der Geschichte: Die Bahn wurde in der – angesichts des Geländes – unglaublich kurzen Bauzeit von zwei Jahren errichtet. Die Ingenieure Josef Riehl und Wilhelm Carl von Doderer hatten für den Bau eigens die Mittenwaldbahn AG gegründet. Schon in den 1880er-Jahren hatte Riehl mit der Planung einer Bahn nach Seefeld begonnen. Weil er sich der großen Steigung auf einer relativ kurzen Strecke bewusst war, wollte er zuerst mit der Bahn am Fuß der Nordkette entlang schon in Hall beginnen. Nach jahrelangen Verhandlungen erhielt er dann die Baugenehmigung ab der Höttinger Au.

Im Jahr 1910 begann man mit dem Bau. Für die Strecke von Innsbruck nach Seefeld mussten rund

600 Höhenmeter überwunden werden. Dazu führt die Trasse quer durch den Hechenberg und die Martinswand. Zahlreiche **Tunnel** – deren längster ist der Martinswandtunnel mit 1800 Metern – und **Viadukte** mussten in dem unwegsamen Gelände unter alpinen Verhältnissen errichten werden. Der Betrieb der Lokomotiven war von Anbeginn mit Strom vorgesehen, wofür eigens ein Kraftwerk am Ruetzbach bei der Stefansbrücke im Wipptal errichtet wurde. Auch der Teil der Bahn von Mittenwald bis Garmisch sollte elektrisch betrieben werden, wozu ein Kraftwerk am Walchensee in Bayern geplant war. Das wurde allerdings erst 1923 fertig, weshalb man auf deutscher Seite vorerst mit Dampflokomotiven fuhr.

Auch die Errichtung des Krankenhauses Hochzirl während des Ersten Weltkrieges wäre ohne Bahn und Haltestelle wohl kaum denkbar gewesen. Es führte lange Zeit sogar ein Schrägaufzug von der **Haltestelle Hochzirl** bis zum Spital.

Am schönsten ist es wohl, eine Fahrt mit der Mittenwaldbahn am **Bahnhof Hötting** oder von der **Haltestelle Allerheiligenhöfe** zu beginnen. Dort scheint die Zeit ein bisschen stehengeblieben zu sein. Ideal lässt sich die Bahnfahrt auch mit tollen **Berg- und Radtouren** verbinden. Etwa einer **Durchwanderung des Karwendels** von Hochzirl über das Solsteinhaus bis Scharnitz in ein oder zwei Tagen. Von Scharnitz aus erreicht man mit dem Rad auch leicht die **Möslalm** oder den **Isarursprung** (Tipp Nr. 69), von der Bedarfshaltestelle Gießenbach die **Oberbrunn**- oder die **Eppzirler Alm**. Oder man sucht Erfrischung im **Wildsee** in Seefeld (prinzipiell frei zugänglich, geöffnet Mai bis September von 9.00 bis 20.00 Uhr). Aber natürlich kann man auch einfach ohne Gefahr für den Führerschein nach **Mittenwald** oder **Garmisch** fahren und zwei Halbe vom ausgezeichneten bayerischen Bier zum Schweinsbraten trinken.

Warum nicht mit der Bahn bis Mittenwald fahren? Im bayerischen Grenzort bezaubern die mit Lüftlmalereien versehenen Häuserfassaden und ein besuchenswertes Geigenbaumuseum.

Wasserwanderung: Geisterklamm

▶ **Anfahrt**

Der VVT-Bus 431 verkehrt zwischen Seefeld und Mittenwald und hat eine Haltestelle direkt beim Eingang der Geisterklamm. Seefeld bzw. Mittenwald erreicht man mit der Mittenwaldbahn (Tipp Nr. 67). Bei Nutzung der Öffis besteht also die Möglichkeit, die Klamm komplett zu durchqueren, ohne wieder zu Fuß zurückkehren zu müssen. Anfahrt mit dem Pkw über Seefeld – Leutasch – Unterleutasch bis knapp vor die ehemalige Staatsgrenze, oder über Scharnitz – Mittenwald – Unterleutasch.

Der Klammgeist flüstert einem die Geheimnisse des Wassers in der Geisterklamm zwischen Leutasch und Mittenwald. Ein großartiges Naturerlebnis auf einem spektakulären Pfad.

Die **Leutaschklamm** beginnt knapp vor der deutschen Grenze in der Unterleutasch. Gleich am Beginn des **Themenpfades** begegnet man der Figur, die der Klamm ihren schaurigen Namen gibt – jedenfalls seit 2006: dem Klammgeist. Er wird zum Führer durch die Schlucht mit ihren Naturphänomenen. Für ungeduldige Kinder erzählt er auch schon ein paar Geschichten, bevor es in die eigentliche Klamm geht – inklusive Entfernungsangabe bis zum Einstieg.

Der **Steig** selbst besteht durchgehend aus Gitterrosten und ist so abgezäunt, dass er selbst **mit kleinen Kindern problemlos** begehbar ist. Spektakulär ist er hoch oben in die Klamm ge-

baut, die sich durch die Kraft des Wassers im Lauf der Jahrtausende bis zu 75 Meter tief ins Gestein gegraben hat. An verschiedenen Stellen erklärt der Klammgeist, was sich tief drunten in der Leutascher Ache abspielt: von gefährlichen Strudeln und herrlichen Gumpen, mit Hörrohr oder Trichter kann man das Tosen auf verschiedene Art wahrnehmen. Aber auch eine kleine Grotte direkt neben dem Steg birgt so ihre Geheimnisse …
Bei der Höllbrücke besteht die Möglichkeit, die gleichnamige Kapelle zu besuchen, die oben an der Straße nach Mittenwald liegt. Danach geht es weiter, dem Höhepunkt entgegen: Die **Panoramabrücke** spannt sich dort, wo die Klamm steil in Richtung Mittenwald stürzt, quer über die Klamm und gibt einen traumhaften Ausblick auf die Westliche Karwendelspitze und die benachbarten Berge frei. Hier befindet sich auch der Ausstieg aus der Geisterklamm. Zurück geht es auf einem breiten Wanderweg oder noch einmal über die Brücken und Stege.
Wer mag, kann den Weg allerdings auf der bayerischen Seite auf dem **Koboldpfad** fortsetzen.
Tipp: Quasi im Vorbeifahren kann man in der Unterleutasch noch die Überreste der **Leutascher Schanz** der Porta Claudia besuchen. Sie stehen auf einer Wiese beim alten Zollhaus. Die Porta Caudia wurde während des Dreißigjährigen Krieges (1618–1648) zum Schutz gegen die Schweden gebaut. Im Jahr 1805 wurde sie von den Truppen Napoleons belagert. Mit der Hilfe Einheimischer konnten die Franzosen die Leutascher Schanz von Bayern aus auf einem Weg umgehen, der heute noch Franzosensteig heißt. So fiel die kleine Festung und dann auch das Hauptwerk der Porta Claudia. Die napoleonischen Truppen hatten freie Bahn ins Inntal. Der Rest der Geschichte bis zum bitteren Ende von Andreas Hofer fünf Jahre später ist leidlich bekannt.

▶ Weglänge
Der gesamte **Klammgeistweg** (nicht der Koboldpfad) ist etwa drei Kilometer, der Steg in der Schlucht selbst 800 Meter lang. Er ist, außer bei großem Schneefall, ganzjährig begehbar. Der Zutritt ist gratis, am Klammtor ist allerdings eine Parkgebühr zu entrichten.
Auch der **Koboldsteig** (1,9 Kilometer lang) ist kostenlos zu begehen, lediglich für den Wasserfallweg auf Mittenwalder Seite wird Eintritt verlangt.

▶ Einkehrmöglichkeiten
Kiosk am Beginn des Klammgeistweges oder Gasthaus „Gletscherschliff" in Bayern.

Auf dieser Wanderung erzählen Geister vom Phänomen Wasser.

Ein Heiligtum der Bayern: Isarursprung

Der Isarursprung ist ja quasi ein Naturheiligtum unserer unmittelbaren nördlichen Nachbarn. Allerdings liegt es in Tirol: im Hinterautal im Naturpark Karwendel. Am einfachsten „erradelt" man sich die Quellen des viertgrößten Flusses von Bayern. Ausgangspunkt der **Radtour** ist der Parkplatz beim neuen **Naturparkzentrum in Scharnitz**. Von dort geht es zuerst noch auf einer asphaltierten Straße ins Karwendel. Die Isar, schon in einer einigermaßen beachtlichen Größe, fließt dabei kristallklar an uns vorbei. Der einzig nennenswerte Anstieg führt dann auf die sogenannte Gleirschhöhe. Von dort geht es flach oder sogar leicht abfallend ins **Hinterautal** hinein.

Kurz vor dem Ziel kommt man an einer Stelle mit unzähligen Steinmännchen am Ufer vorbei. Den Isarursprung kann man auf dem Weg eigentlich nicht übersehen: Er ist mit zahlreichen Tafeln ausgeschildert und erklärt, außerdem eingezäunt, um nicht vom Weidevieh verschmutzt zu werden. Kurz muss man vom Rad steigen und einem kleinen Pfad folgen, bis man zu der Quelle kommt. Wobei das der falsche Ausdruck ist: denn eigentlich ist es nur der Ort, an dem drei **Karstquellen**, die unterirdisch durch den Berg fließen, an die Oberfläche treten. Helle, ganz klare Bächlein sind es, die da lustig und noch sehr zahm aus dem Boden sprudeln.

Wie stark und mächtig die Isar aber werden kann, sieht man auf der Rückfahrt schon ein paar Kilometer talauswärts. Das Schotterbett ist breit geworden, am Rand liegen Bäume, die der Fluss bei einem Unwetter mitgenommen hat. Ebenso wie der Rissbach ist die obere Isar noch ein Wildfluss.

Hinweis: Bis vor gar nicht allzu langer Zeit waren diese Flüsse wichtig für den Transport von Holz aus den Karwendeltälern. Die Baumstämme wurden an der Länd zu Flößen zusammengestellt und so auf der Isar nach Bayern gebracht. Eine mühevolle und gefährliche Arbeit, von der in der **Holzerhütte** am Parkplatz erzählt wird. Die Hütte war ursprünglich 1913 im Gleirschtal errichtet worden und diente den Holzarbeitern als Unterkunft. Balken für Balken wurde sie abgetragen und 2017 im Rahmen des Projektes „Wege des Holzes" an der Lände wieder aufgestellt. Ein Besuch des kleinen Museums mit seinen vier Räumen zahlt sich auf jeden Fall aus.

Rund um die Holzerhütte und das **Infozentrum** wurde ein **Garten** mit vielen Wildblumen angelegt, der vor allem Nahrung für die Bienen bietet, aber auch wunderschön anzusehen ist. Und einen **Spielplatz** für die Kinder gibt es dort selbstverständlich auch.

▶ **Museum Holzerhütte**
Geöffnet Mai bis Oktober täglich von 9.00 bis 17.00 Uhr. Eintritt frei. Es muss aber ein Ticket im benachbarten Infozentrum gelöst werden. www.karwendel.org

▶ **Einkehrtipp**
Nur drei Kilometer weiter endet der Radweg. Bis zur wunderschön auf einer Wiese gelegenen **Kastenalm** im Talschluss muss man dann noch ein paar Meter zu Fuß gehen. Dort kann man sich dann bei einem Getränk und einer Jause stärken. Achtung, warme Speisen gibt es wegen Strommangels nicht! Akkus von eBikes können daher auch nicht aufgeladen werden. Die Kastenalm ist von Mitte Mai bis Mitte September geöffnet.

Eine Kolonie von Steinmännchen unweit des Isar-Ursprunges.

Naturpark Karwendel

Der Naturpark Karwendel (www.karwendel.org) ist in vielerlei Hinsicht in Österreich einzigartig: Er ist mit 727 Quadratkilometern das größte und älteste Schutzgebiet Tirols und gleichzeitig **der größte Naturpark Österreichs**. Er reicht von Seefeld im Westen bis zum Achensee im Süden und erstreckt sich im Norden von der bayerischen Grenze bis ins Inntal. Wobei das direkt angrenzende bayerische Karwendel und Karwendelvorgebirge ebenfalls unter Schutz steht und weitere 190 Quadratkilometer misst. Die Verwalter beider Gebiete arbeiten eng zusammen, insgesamt bildet es ein **Natura-2000-Gebiet**.

Seinen Namen bekam das Gebirge, das 45 Kilometer lang und rund 30 Kilometer „breit" ist, angeblich nach dem altdeutschen Familiennamen Gerwentil im 13. Jahrhundert. Geprägt wird es durch die **Berge**, die sich in vier Ketten mehr oder weniger von Ost nach West erstrecken und dadurch zahlreiche Täler mit **Wildflüssen** und **Urwäldern** bilden. Rauer und unberührter kann Natur heute fast nicht mehr erlebt werden.

Aber dennoch ist das Karwendel landwirtschaftlich und vor allem touristisch intensiv genützt. Zahlreiche **Schutzhütten** und **Almen** liegen in dem Gebiet. Sie sind beliebte Ziele von Wanderern und Mountainbikern. Die Berge und wilden Felswände ziehen Bergsteiger und Kletterer an. Einige der bekanntesten Klettertouren der Ostalpen befinden sich hier, beispielsweise in den Lalidererwänden, die man von der nahen Falkenhütte ganz entspannt betrachten kann, oder im Bereich des Hallerangers (Hallerangerhaus und Hallerangeralm).

Durch Aufstiegshilfen erschlossen sind nur die Ränder des Naturparks: durch die Seilbahn auf die Nordkette in Innsbruck, die Bergbahnen Rosshütte in Seefeld und einige Skilifte am Achensee. **Bergtouren** im Karwendel zeichnen sich daher meist durch lange und mühsame Anstiegswege aus. Eine Übernachtung auf einer der mehr als 15 Schutzhütten ist da eine gute Abhilfe. Auch einige Almen und Gasthöfe bieten Übernachtungen an.

Im Herzen des Naturparks: Hallerangeralm mit Großem Lafatscher.

Wohl bekanntestes und vor allem im Herbst leider überlaufenes Ausflugsziel sind die Ahornböden, die man über die Risstaler Landesstraße mit dem Auto über deutsches Staatsgebiet erreichen kann. Der Große und Kleine **Ahornboden** sind zwei Almflächen mit einem Bestand an alten Berg-Ahornen. Im Herbst verfärben sie sich bunt und sind so in Kombination mit dem schroffen Gipfeln ringsum ein beliebtes Fotomotiv.

Die Bedeutung des Naturparks Karwendel wird einem an mehreren Orten nahegebracht. So gibt es ein **Naturparkhaus** in der Hinterriss, das **Infozentrum** und die **Holzerhütte** in Scharnitz, den Naturraum Karwendel auf der Umbrüggler Alm oberhalb von Innsbruck und „rundumTHAUR", einen Schauraum zur Archäologie und Naturgeschichte beim Romediwirt in Thaur.

Bis jetzt ein Geheimtipp: Zimmerbergklamm

▶ **Gehzeit**

Klamm bis Straßberghaus: ca. 1.45 bis 2 Stunden. Es ist keine besondere Ausrüstung notwendig. Da Teile des Weges recht steil sind, ist eine Begehung bei Schneelage oder Regen nicht ratsam.

▶ **Einkehrmöglichkeiten**

Straßberghaus, Mai bis November durchgehend geöffnet, sonst an den Wochenenden; Neue Alplhütte: Die Öffnungszeiten variieren stark je nach Jahreszeit, am besten auf der Homepage abfragen: www.alplhuette.com/

Hinter dem Alu-Werk der Firma Thöni in Telfs beginnt die wenig bekannte Zimmerbergklamm. Im Frühjahr 2018 wurde sie nach längerer Sperre mit geänderter Routenführung und völlig neuen Treppen und Brücken wiedereröffnet. Sie bietet die derzeit wohl schönste Variante, einen Ausflug zum Straßberghaus zu machen.

Der Weg in die Klamm beginnt hinter den letzten Werkshallen. Zuerst schlängelt sich der **Steig** recht unscheinbar am Griesbach entlang, ehe es spektakulär wird. Eine wuchtige, hölzerne Treppe wurde durch eine senkrechte Wand gebaut. Die Steinschlaggefahr, die den alten Weg immer wieder betraf, war so gebannt. Ganz abgesehen davon, dass man dieses monumentale Bauwerk, das sich dennoch bestens in die Natur einfügt, einmal gesehen haben muss. Der zweite Höhepunkt der Klammbegehung ist eine **Hängebrücke** kurz vor dem Ausstieg. Aus Alu, wie sollte es auch anders sein?

Nach dem Ende der eigentlichen Schlucht geht es steil im Zickzack einen Hang hinauf, ehe man einen nahezu flachen Forstweg erreicht, der einen größtenteils durch den Wald in maximal zwei Stunden zum **Straßberghaus** bringt. Im Frühjahr sind die Wiesen rund um das Ausflugsziel eine einzige, bunte Blütenpracht. Außerdem gewinnt man einen ganz neuen, ungewohnten Blickwinkel auf die Hohe Munde.

Zurück geht man am besten über den Straßbergweg, von dem nach einiger Zeit nach Süden ein Steig nach Telfs abzweigt. Man landet dann in der ehemaligen Südtiroler Siedlung.

Für Sportliche: Wer mit der Wanderung zum Straßberghaus sportlich nicht ausgelastet ist, der kann noch etwa 45 Minuten weiter bis auf die **Neue Alplhütte** gehen.

▶ Anfahrt
mit ÖBB, Haltestelle Telfs/Pfaffenhofen, sieben Minuten Fußweg bis in die Anton-Auer-Straße, von dort weiter mit Bus 4176 (bis Haltestelle Telfs Lumma). Mit dem Pkw über A 12, Ausfahrt Telfs West, im Kreisverkehr in Richtung Mieming, durch den Umfahrungstunnel Telfs, im zweiten Kreisverkehr weiter Richtung Mieming, in der darauffolgenden scharfen Linkskurve nach rechts abzweigen, Niedere-Munde-Straße und dann Klammweg folgend, an den Thöni-Werken vorbei. Hinter den letzten Hallen befinden sich einige kostenfreie Parkplätze.

Imposante Brücken und Treppen führen durch die Zimmerbergklamm.

Bezirk Imst

Der Bezirk Imst ist von seiner Ausdehnung her recht überschaubar: Er gruppiert sich um die einzige Stadt des Bezirkes, die auch namensgebend ist: Imst. Nördlich des Inns gehören das Gurgltal und das Mieminger Plateau dazu, südlich das Ötz- und das Pitztal.

Das **Gurgltal** zwischen Imst und Nassereith ist ruhig und beschaulich. Vor allem, weil ein Großteil des Verkehrs von Deutschland in das Inntal über den Holzleitensattel fließt – oder oft auch steht. Das Tal eignet sich wunderbar zum **Radfahren** und ist Teil der Strecke rund um den Tschirgant, den markanten Eckpfeiler des Mieminger Plateaus.

Wer an das **Mieminger Plateau** denkt, hat meist ein Bild vor Augen: Herbst und wunderschön verfärbte Lärchenwälder. Tatsächlich ist die Mittelgebirgslandschaft für diese goldene Zeit bekannt. An Sommeraktivitäten bietet das Plateau **Wanderungen**, **Radtouren**, **Golfen**, einen netten kleinen **Badesee** und ein **Waldbad**. Bekannt sind auch seine **Hütten und Almen**: wie etwa das Lehnberghaus, die Simmeringalm, das Straßberghaus und die Alplhütte.

Touristisch ein ganz anderes Kaliber ist das **Ötztal**. Es ist 65 Kilometer lang und sein hinterer (südlicher) Teil vor allem als Wintersportdestination international bekannt. Der Alpenhauptkamm lockt im Sommer aber auch viele Bergsteiger an. Der kleine Ort Vent ist Ausgangspunkt für einige der bekanntesten **Bergtouren** Tirols: Wildspitze, Similaun, Weißkugel … Das Tal bietet Sommer wie Winter ein reichhaltiges Angebot an Freizeitmöglichkeiten. Eines davon ist zum Beispiel der **Aquadome**, die Wellnessther-

Der Tschirgant ist beinahe das optische Zentrum des Bezirkes.

me in Längenfeld, die bei Einheimischen und Gästen gleichermaßen beliebt ist. Zwar prägt immer noch der Wintertourismus das Tal, in den letzten Jahren wurde aber auch viel in den Sommer investiert: so wurde zum Beispiel das **Radwegenetz** kräftig ausgebaut.

Etwas ruhiger geht es im benachbarten **Pitztal** zu, mit seinen vier Gemeinden (Arzl, Wenns, Jerzens, St. Leonhard) und rund 7500 Einwohnern. Der hintere Teil des Tales ist recht eng, begrenzt vom Kaunergrat im Westen und vom Geigenkamm im Osten. Im vorderen Teil bildet das Tal hingegen Terrassen und bei Wenns weitet es sich auf zu einem kleinen Kessel („Wenner Schmalzkessel"), durch den man über den Pillersattel ins Kaunertal gelangt. Ein Übergang, der schon seit der Bronzezeit genutzt wurde, wie Funde bewiesen haben. Auch in diesem Tal spielt der Wintertourismus eine große Rolle. Dem Wintersport verdankt das Tal auch seinen prominentesten Sohn: Benjamin „Benni" Raich aus Arzl. Nach ihm wurde am Taleingang eine Hängebrücke über die **Arzler Pitzeklamm** benannt. Sie lässt sich gut in Wanderungen und Radtouren in der Gegend einbauen. Eine klimatische Besonderheit stellt der Hang des **Tschirgant** zwischen Haiming und Imst im Inntal dar. Wegen seines besonderen Klimas wächst dort auch Wein. Wenn auch noch in kleinen Mengen, aber dafür in sehr guter Qualität. Verkosten kann man ihn zum Beispiel beim Weinbau Zoller-Saumwald in Haiming. Wie überhaupt die Gegend um Haiming für den Obstbau bekannt ist. Aushängeschild der Region sind daher auch die **Haiminger Markttage**, die an zwei Wochenenden im Oktober stattfinden.

Schule des Geistes und des Sports: Stift Stams

▶ **Anfahrt**

Mit ÖBB bis Haltestelle Stams oder mit dem Bus 8352. Mit Pkw über die Inntalautobahn, Abfahrt Mötz, und weiter zum Stift (Stiftshof 1, 6422 Stams). Ein großer Parkplatz steht unmittelbar unterhalb des Stiftes zur Verfügung.

Stift Stams ist ganz tief mit der Geschichte Tirols verwurzelt und mit unzähligen sportlichen Erfolgen verbunden. Doch es beherbergt auch großartige Kunstschätze.

Aus der Geschichte: Das Stift wurde im Jahr 1273 von Graf Meinhard II. und dessen Frau Elisabeth gegründet. Einerseits als Begräbnisstätte für das Geschlecht der Görzer, andererseits zur Erinnerung an Konradin, den letzten Staufer, der 1268 in Rom enthauptet worden war. Konradin war ein Sohn Elisabeths aus erster Ehe. Die ersten Patres kamen aus Kaisheim in Bayern und feierten ihren Gründungskonvent in einem hölzernen Kloster. Doch sofort wurde mit dem Bau eines Klosters samt Stiftskirche aus Stein begonnen. Rasch wurde Stams zu einem bedeutenden wirtschaftlichen und geistigen Zentrum Tirols.

Die Geschichte des Stiftes war wechselhaft: Es diente Kaiser Maximilian als Ort für Friedensverhandlungen mit den Türken, wurde in den Bauernaufständen und im Schmalkaldischen Krieg geplündert, brannte nieder, wurde zwei Mal (unter den Bayern und während der Nazi-Herrschaft) aufgehoben. So, wie es heute mit seiner barocken Fassade und den markanten Zwiebeltürmen dasteht, stammt es aus der Zeit zwischen 1650 und 1750. Es beherbergt neben dem Zisterzienserkloster die Kirchliche Pädagogische Hochschule „Edith Stein", 1964 wurde das Stiftsgymnasium eröffnet. Auch die Gründung des bekannten Skigymnasiums geht auf eine Initiative des Stiftes zurück.

Mittelpunkt der Klosteranlage ist die **Stiftskirche „Mariä Himmelfahrt"**, ein Prachtbau mit einzigartigen barocken Kunstschätzen. Am beeindruckendsten ist wohl der 15 Meter hohe **Lebensbaum-Altar** des Weilheimer Künstlers Bartholomäus Steinle, erschaffen in den Jahren 1609 bis 1613. Aber auch das Rosengitter, die Kanzel, die Wandbilder und der Mönchschor sind von großer kulturhistorischer Bedeutung.

Bei zahlreichen Veranstaltungen über das Jahr bespielt wird der **Bernardisaal**, ein hochbarockes Juwel mit seinen Wandmalereien und den vergoldeten Balustraden. Beschaulich hingegen der Brunnenhof im Kreuzgang mit seinem Rosengarten. Ein Ort, an dem die Mönche in Ruhe verweilen. Das **Museum** zeigt eine Auswahl an Kunstschätzen aus dem Besitz des Stiftes: Gemälde, Möbel, Musikinstrumente, Bücher. Diese sind in der Ausstellung thematisch eingebettet in das Leben der Mönche: Gebet, Krankenpflege, Musik, Bildung. In der Regel ist im südlichen Kreuzgang auch eine jährliche Sonderausstellung zu sehen.

▶ Einkehrmöglichkeit

Einkehren kann man in der Orangerie des Stiftes, außerdem gibt es einen Klosterladen. Dort erhält man auch die Tickets bzw. befindet sich dort der Treffpunkt für die Führungen.

▶ Hinweis

Wer das Kloster zur Gänze anschauen will, kann dies nur bei einer Führung tun. Das Klostermuseum hingegen kann man auch so besuchen.

▶ Öffnungszeiten

und Preise finden sich auf www.stiftstams .at

▶ Für Ruhesuchende

Wer Kontemplation sucht, der kann sich auch für einige Zeit im Kloster einmieten. Allerdings nur Männer. Nicht, so versichert man im Kloster, weil man Frauen gegenüber nicht aufgeschlossen ist. Es fehle aber an der nötigen Infrastruktur.

Stift Stams mit dem Bernardisaal ist ein barockes Juwel.

Wandern und Wallfahren: Maria Locherboden

▶ **Anfahrt zur Wanderung**
Mit ÖBB bis Stams, dann
10 Minuten zu Fuß bis zur
Hängebrücke über den Inn oder
mit Bus 8352 (von Telfs bzw.
Ötztal-Bahnhof) bis Haltestelle
Stams/Abzweigung Bahnhof. Mit
Pkw A 12, Ausfahrt Mötz, bis
Stams, beim Kreisverkehr ins
Gewerbegebiet abbiegen, Park-
plätze hinter dem XXX Lutz-Lager.

▶ **Gehzeit**
Für die beschriebene Runde
braucht man etwa 2,5 Stunden.

Majestätisch thront das Kirchlein Maria Locherboden auf einem Hügel oberhalb von Mötz.
Aber es ist nicht nur ein beliebtes Fotomotiv,
sondern immer noch ein beliebter Wallfahrts-
und Hochzeitsort. Man kann beinahe bis auf den
Felskopf fahren, sich Locherboden aber auch
von Stams aus erwandern.

Aus der Geschichte: Eine erste Wallfahrtstätigkeit in Locherboden kam schon nach 1740 auf,
als der Bergknappe Thaman Kluibenschädl ein
Marienbild am Eingang eines Stollens aufstellte.
Ob aus Dankbarkeit, dass er bei der Arbeit nie einen Unfall hatte, oder weil er wundersam aus einem verschlossenen Schacht gerettet wurde, ist

unklar. Später flachte das Interesse an der Wallfahrt zu der Grotte wieder ab. Neu geweckt wurde es durch die Marienerscheinungen der Maria Kalb aus Rum. Die junge Frau war todkrank, in mehreren Erscheinungen befahl ihr die Gottesmutter aber, bei einem alten Wallfahrtsort oberhalb von Stams und Mötz den Rosenkranz zu beten. Die Todkranke reiste 1871 nach Locherboden, betete, wie ihr geheißen wurde, man zeigte ihr das Gnadenbild, und sie erholte sich. Maria Kalb wurde 82 Jahre alt. In den Folgejahren wurde die Grotte mit dem Gnadenbild zu einer kleinen Kapelle ausgebaut, auf dem Hügel darüber wurden drei Kreuze errichtet. 1896 errichtete man die Kirche im neugotischen Stil, wie sie heute noch zu sehen ist.

Für Wanderfreunde: Eine nette kleine Wanderung führt von Stams nach Locherboden. Sie beginnt im Gewerbegebiet von Stams. Erster Höhepunkt ist die **Hängebrücke** über den Inn, die ganz schön schaukelt. Von dort geht es in mäßiger Steigung über den „Weg der Extreme", stets etwas auf und ab, bis zum Parkplatz unmittelbar unter der Grotte und **Wallfahrtskirche**. Dabei überwindet man rund 240 Höhenmeter. Rückkehr wie Aufstieg oder über den **Besinnungsweg** nach Untermieming und von dort wieder zur Hängebrücke.

Hinweis: Wer nicht wandern kann oder will, fährt mit dem Auto über Mötz bis unmittelbar unter die Wallfahrtskirche. Dort befindet sich auch ein Imbiss und Kiosk mit Kerzen und Devotionalien.

► Anfahrt direkt nach Locherboden
Mit Pkw über A 12, Ausfahrt Mötz, dann auf der Mötzer Landesstraße Richtung Barwies, nach dem Gasthaus Locherboden rechts zum Parkplatz.

► Einkehrmöglichkeit
Wirtshaus am Locherboden, www.locherboden.at

Auf der schwankenden Brücke geht es bei Stams über den Inn.

Zug fährt ab! –
Mini Dampf Tirol

▶ Anfahrt
Mit Pkw auf der A 12, Ausfahrt Mötz, am Ortsbeginn von Barwies links abbiegen, den Beschilderungen zum Waldbad folgen. Vom rechten Eck des Parkplatzes führt ein Weg in drei Minuten zum Mini-Dampf-Areal.

Würde man einfach nur ein Foto von Lok 01 1992-8 machen, wie sie dahinschnauft und rattert auf den Schienen, man könnte sie für echt halten. Doch die Lok ist nur ungefähr kniehoch, hintendran hängen kleine Wägelchen mit lachenden und schreienden Kindern drauf. Und auch einigen Mamas und Papas, die sichtlich Spaß haben.

Am Sonntag geht in Barwies bei **Mini Dampf Tirol** der Rauch auf. Alles Einsteigen am Bahnhof, der Schaffner geht durch und zwickt die Fahrkarten, der Lokführer hat in der Zwischenzeit wieder Kohlen in den Kessel geschaufelt und

Wasser nachgefüllt. Und dann geht es los. Kurz wird es etwas finster im „Luise-Tunnel", danach steht schon die Verwandtschaft bereit, um Fotos und Filmchen zu machen. Achtung Fußgänger, der Schranken schließt sich, und schon dampft die Lok durch den „Margit-Tunnel" …

Baubeginn der beliebten **Gartenbahn in Barwies** war 1995, fertiggestellt wurde sie 2000 bis 2002. Doch seither wird sie ständig erweitert, verbessert, Gebäude kommen dazu: Wasserturm, Kohlebunker, Fußgängerbrücke … Alles ist mit Liebe zum Detail gemacht. Insgesamt ist die Strecke 350 Meter lang, der Rundkurs wird zwei Mal befahren, die Fahrt dauert vier bis fünf Minuten. Viel zu kurz natürlich, Papa muss noch einmal Fahrkarten kaufen gehen. Und das tut er auch sichtlich gern. Und zum Abschluss, nach der x-ten Runde, gibt es dann ein Eis oder ein Würstel an der Bahnhofsrestauration.

Hinweis: Die Bahn ist **barrierefrei**, auf einem eigenen Waggon ist auch die Mitfahrt in einem Rollstuhl möglich.

▶ **Öffnungszeiten**
An Sonn- und Feiertagen vom 1. Mai bis 30. September jeweils von 11.00 bis 18.00 Uhr, im Oktober bis um 17.00 Uhr.
www.minidampftirol.at

▶ **Einkehrmöglichkeit**
Bahnhofsrestaurant.

Am Sonntag wird in Barwies der Dampfkessel angeheizt.

Höher geht's nicht mehr: Rofenhöfe

▶ **Anfahrt**
mit ÖBB bis Ötztal-Bahnhof, mit
Bus 4194 oder 8352 (Gesellschaft Ötztaler) bis Sölden, weiter
mit Bus 8400 nach Vent. Mit
dem Pkw auf der A 12, Ausfahrt
Haiming/Ötztal, durch das Ötztal
bis nach Vent, Parken gebührenpflichtig vor dem Ortsbeginn.

Eine kleine Themenwanderung führt von Vent zu
den Rofenhöfen, Österreichs höchstgelegenen
ständig besiedelten Bergbauernhöfen.

Vom beschaulichen **Bergsteigerdorf Vent** führt
der „Barteb'ne Weg" zu den 2011 Meter hoch
gelegenen Rofenhöfen. Internationale Künstlerinnen und Künstler haben im Rahmen des Sym-
posiums ARTeVENT zwischen 2007 und 2013
Exponate zu dieser „Freiluftgalerie" beigesteu-
ert. Gemächlich spaziert man durch eine archaische Hochgebirgslandschaft, begleitet von Scha-
fen und Haflingern. Links und rechts sind immer
wieder **Steinskulpturen** zu sehen, eingebettet
zwischen Preiselbeerstauden, Heidekraut oder

Wollgras: polierte, gespaltene, zerschnittene, na-
türliche Felsen. Teilweise sind sie erst auf den
zweiten Blick als Werke von Menschenhand er-
kennbar. Wie etwa eine Steinschale, in die mun-
ter ein Bächlein sprudelt.

Ebenfalls entlang dieses Weges findet man ein
steinzeitliches Jägerlager und das alte Gipfel-
kreuz der Wildspitze. Wenig anstrengend schlängelt sich der breite Weg dem Ziel, den Rofenhöfen, entgegen. Zuvor wartet allerdings noch ein
spektakulärer Höhepunkt: eine **Hängebrücke**
über die Venter Ache. Nach einem letzten, sehr
kurzen Anstieg erreicht man schließlich den kleinen Weiler.

Aus der Geschichte: Die Besiedelung des Ge-
bietes der „Rotte Rofen" erfolgte im 13. Jahrhundert vom Süden her, aus dem Schnalstal. Sie verdankt ihren Ursprung einem seit Jahrhunderten
stattfindenden Auftrieb der Schafe vom Süden
über das Niederjoch auf Weidegebiet im Ötztal.
Angeblich soll im Herbst der frühe Schneefall die
Rückkehr der Schafhirten und ihrer Tiere verhin-
dert haben, weshalb sie sich im Gebiet der Rofenhöfe niederließen. Auch heute noch wird dieser als **Transhumanz** bezeichnete Schafwander-
trieb Mitte Juni und Mitte September durchgeführt (genaue Termine findet man auf der Seite
des Schnalstales www.merano-suedtirol.it/de/
schnalstal.html). Er ist Teil des immateriellen
UNESCO-Weltkulturerbes. Ein se-
henswertes Schauspiel, für das man allerdings die lange Wanderung auf die
Similaunhütte in Kauf nehmen muss.
Dass Herzog Friedrich IV. sich vom Kon-
stanzer Konzil 1416 auf die Rofenhöfe
flüchtete, nachdem er von König Sigismund geächtet worden war, gehört
aber ins Reich der Sagen. Vielmehr zog
„Friedl mit der leeren Taschn" über den
Reschen nach Meran.

▶ **Wegverlauf**
Zu Fuß durch das Dorf, über die
große Brücke, vorbei am Hotel
„Alt Vent Tyrol", dann rechts dem
gelben Täfelchen „Rofenhöfe"
folgen (der Themenweg selbst ist
hier nicht angeschrieben).

▶ **Gehzeit**
45 Minuten, max. eine Stunde.
Rückweg gleich oder über die
Straße.

▶ **Einkehrmöglichkeiten**
Mehrere Gasthäuser auf den
Rofenhöfen oder in Vent.

Eine Wegstation bildet der
Nachbau eines steinzeitlichen
Jägerlagers, das an dieser Stelle
gefunden wurde.

Pass des Donners: Motorradmuseum Timmelsjoch

▶ **Öffnungszeiten**

9.00 bis 17.30 Uhr.
www.crosspoint.tirol
Das Museum sowie das benachbarte Restaurant (Timmelsjochstraße 8, 6456 Hochgurgl) ist ganzjährig geöffnet, unabhängig davon, ob die Mautstraße selbst offen ist.
Timmelsjoch Hochalpenstraße:
www.timmelsjoch.com

An schönen Sommertagen ist es ein Rattern und Knattern am Timmelsjoch, dass es nicht mehr aller Freude ist. Hunderte Motorräder überqueren den Pass von Nord- nach Südtirol oder umgekehrt. Aber man muss nicht unbedingt selbst auf so einem heißen Eisen sitzen, um am Timmelsjoch Motorradgeschichte(n) zu erleben. Denn die Mautstation auf der Ötztaler Seite beherbergt seit 2016 „crosspoint x", **das höchstgelegene Motorradmuseum Europas**.

Dass es dort steht, ist den Gebrüdern Attila und Alban Scheiber, Seilbahnbetreibern, Gastronomen und Hoteliers im Ötztal, zu verdanken. Sie waren schon von Jugend an „auto- und motorradnarrisch", fuhren und sammelten selbst das eine oder andere gute Stück. Vor einigen Jahren kauften sie von einem Sammler in Deutschland allerdings gleich ein ganzes Museum mit 25 Maschinen. Doch wohin damit?

Ein würdiger Platz fand sich, als eine neue Lift- und Mautstation an der Timmelsjochstraße gebaut wurde. Dort befinden sich derzeit rund 230 Exponate, hauptsächlich Motorräder von über **100 verschiedenen Marken:** von den zarten Anfängen der motorisierten Zweiräder bis zu PS-starken Hightech-Maschinen unserer Tage, von BMW über Ducati bis zu Harley und Triumph. Dazu Beiwerk wie Plakate, Zapfsäulen, Kanister und Werbeschilder. Aber auch etliche Geländefahrzeuge sind zu bewundern. Ausgestellt ist das

Auch moderne Maschinen gibt es im Museum zu sehen.

alles sehr ansprechend in einem vom Architekten Michael Broetz entworfenen Gebäude mit dem Ambiente einer alten Steilwand-Rennbahn mit hölzernem Parkettboden. Pro Jahr gibt es auch ein oder zwei **Sonderausstellungen:** sei es, dass ein besonderes Motorrad Geburtstag hat, Renn- oder Enduromaschinen zum Thema gemacht werden oder spezielle Geländefahrzeuge. Danach möchte man dann vielleicht am liebsten doch auf eine der Maschinen steigen, die vor der Tür geparkt sind, und sich den Fahrtwind um die Ohren sausen lassen. Selbst wenn man mit dem Auto gekommen ist.

Eine Art Zeitmaschine: Steinzeitwelt Ötzi-Dorf

▶ **Anfahrt**

Mit ÖBB bis Ötztal-Bahnhof. Weiter mit Bus 4194 oder 8352 (ab Imst oder Ötztal-Bahnhof) bis Haltestelle Umhausen Feuerwehrhaus. Mit dem Pkw auf der A 12, Ausfahrt Haiming/Ötztal, durch das Ötztal bis nach Umhausen zum gebührenpflichtigen Parkplatz Bischoffsplatz. Von dort sind es fünf Gehminuten bis zum Eingang des Ötzi-Dorfs (Am Tauferberg 8, 6441 Umhausen).

Auch wenn es vom Tisenjoch, wo im Sommer 1991 der „Ötzi" gefunden wurde, ein weiter Weg bis nach Umhausen ist, so ist es doch recht wahrscheinlich, dass der Steinzeitjäger auf dem Übergang über die Pässe des Alpenhauptkammes dort vorbeikam.

Aus der Geschichte: Im September 1991 wurde in der Gegend des Tisenjochs von einem deutschen Bergsteiger-Ehepaar eine Gletscherleiche gefunden. Nach der eher unsachgemäßen Bergung und Verbringung in die Innsbrucker Gerichtsmedizin stellte sich allerdings heraus, dass es sich um keinen Fall für die Gendarmerie, sondern für die Archäologie handelte. Die mumifizierten menschlichen Überreste waren nämlich deutlich älter als alle Personen, die man in den Vermisstenkarteien hatte. Wie sich später herausstellen sollte, war der Mann in etwa zwischen 3300 und 3100 vor Christus ums Leben gekommen.

Seit 1998 befindet sich der Ötzi, wie er wenige Tage nach dem Fund von der Presse genannt wurde, im Archäologiemuseum in Bozen. Italien bzw. Südtirol hatten die prominente Leiche nämlich rasch für sich reklamiert, da sich der Fundort wenige Meter auf italienischem Staatsgebiet befand. Wie der Mann vom Tisenjoch ums Leben gekommen ist, darüber wurde lange geforscht und gegrübelt. Eine wahrscheinliche Theorie besagt, dass er durch einen Pfeilschuss hinterrücks ermordet wurde. Die Wunde allein war allerdings nicht tödlich, sondern eine Schädelverletzung. Ob der Täter auch noch zugeschlagen hatte, oder ob der verwundete Ötzi unglücklich stürzte und letztlich so zu Tode kam, das ist offen.

Das **Ötzi-Dorf** zeigt anschaulich das **Leben der Menschen in der (Jung-)Steinzeit:** Häuser, Werkzeuge, Tiere, Grabstätten, Kultplätze, Boote. Dabei sind die Nachbauten keineswegs ein Steinzeit-Disneyland, sondern wurden unter fachkundiger Beratung von Archäologen der Universität Innsbruck errichtet.

Ab 12 Uhr werden mehrmals wöchentlich auch **steinzeitliche Handwerks- und Kulturtechniken** gezeigt: Wie machten die Menschen damals zum Beispiel Feuer? Und wie erhitzten sie Wasser zu einer Zeit, als sie nur Holzgefäße zur Verfügung hatten? Woraus war das Brot damals gebacken und wie schmeckte es? Fragen, die die Besucher beantwortet bekommen.

Eine Besonderheit sind die Tiere, die auf dem Areal gehalten werden. Selbstverständlich sind es nicht mehr dieselben wie vor 7000 Jahren. Aber es sind Rassen, die man so nahe wie möglich an ihre Vorfahren herangezüchtet hat: wie etwa die Auerochsen oder die Przewalski-Wildpferde. Eine ganz besondere Attraktion für Groß und Klein ist es natürlich, wenn gerade Nachwuchs gekommen ist.

▶ **Öffnungszeiten**
Anfang Mai bis Ende Oktober täglich von 9.30 bis 17.30 Uhr bzw. im Oktober bis 17 Uhr.
www.oetzi-dorf.at

▶ **Hinweis**
Das Gelände ist bedingt barrierefrei. Es gibt Einzel- oder Kombitickets mit dem direkt nebenan gelegenen Greifvogelpark.

▶ **Tipp**
Unbedingt an einer Führung teilnehmen! Ohne die ausgezeichneten, fachkundigen Erklärungen der Guides ist man doch recht schnell alles abgegangen und hat womöglich das Beste verpasst.

Die Tiere im Ötzidorf wurden dem Urrind nachgezüchtet.

Die Macht des Wassers erleben: Stuibenfall

Der größte Wasserfall Tirols ist ein beeindruckendes Naturschauspiel. Kein Wunder, dass es vor allem Menschen aus trockenen Weltgegenden im Sommer dorthin zieht, wo das Wasser des Horlachbaches in glitzernden Kaskaden 159 Meter in die Tiefe schießt. Nichts kann diese Gewalten aufhalten, so scheint es.

Der Weg zum Wasserfall beginnt am Bischoffsplatz in **Umhausen**, ist anfangs mäßig, gegen Ende hin aber ordentlich steil. Für Kinderwägen ist er nur bedingt geeignet, der Schotter ist doch recht grob. Wer sich damit begnügt, den Stuibenfall nur von dessen Fuß aus zu betrachten, der hat sein Ziel nach rund 30 Minuten erreicht. Ganz nah ist man den Naturgewalten da freilich noch nicht.

Daher wurde ein System von Stufen, Stegen und Hängebrücken gebaut, auf dem man dem Wasser manchmal unheimlich nahekommt. Jedenfalls so nahe, dass man schon einmal in der Gischt steht. Der feine „Wasserstaub" soll übrigens sehr gesund für die Lunge sein. Bis man auf der allerletzten **Aussichtsplattform** steht, muss man **700 Stufen** und eine 80 Meter lange **Hängebrücke** bewältigen. Aber die Ausblicke, die man da bekommt, sind jede Anstrengung wert. Wer's freilich gemütlich haben und dennoch von ganz oben den Wasserfall betrachten will, der erreicht die höchste Aussichtsplattform auch über die Landesstraße nach Niederthai.

Jene, die zu Fuß gegangen sind, können denselben Rückweg nehmen, oder über den Weiler Höfle auf dem blau markierten **Wasserweg** in Schleifen wieder ins Tal zurückkehren.

Wagemutige können entlang des Stuibenfalles auch einen 450 Meter langen **Klettersteig** im unteren bis mittleren Schwierigkeitsgrad (A/B, einige Stellen C) erklimmen. Dazu ist natürlich eine Klettersteigausrüstung erforderlich. Die Route beginnt unmittelbar beim Ende des breiten Zustiegsweges zum Wasserfall.

▶ **Anfahrt**
Mit ÖBB bis Ötztal-Bahnhof, weiter mit Bus 4194 oder 8352 (ab Imst oder Ötztal-Bahnhof) bis Haltestelle Umhausen Feuerwehrhaus, von dort sind es etwa 40 Gehminuten bis zum Fuß des Wasserfalls. Mit dem Pkw über A 12, Ausfahrt Ötztal, durch das Tal bis nach Umhausen und zum gebührenpflichtigen Parkplatz Bischoffsplatz. Von dort in 30 Minuten zu Fuß bis zum Wasserfall.

▶ **Gehzeit**
Für die große Runde bei gemütlichem Tempo 4 bis 4,5 Stunden.

▶ **Einkehrmöglichkeit**
Am Fuß des Stuibenfalles befindet sich das gemütliche Waldcafé.

▶ **Tipp**
Ein ganz besonderes Schauspiel bietet sich jeden Mittwoch: Da wird der Stuibenfall in der Nacht beleuchtet.

Gut kombinieren lässt sich dieser Ausflug mit dem Besuch des Ötzidorfes (Tipp Nr. 76).

Als das Ötztal bayerisch war: Turmmuseum Oetz

▶ Anfahrt
Mit ÖBB bis Ötztal-Bahnhof und weiter mit Bus 4194 oder 8352 (Haltestelle Oetz Gemeindeamt); mit dem Pkw über die A 12, Ausfahrt Ötztal, und weiter nach Oetz (Turmmuseum, Schulweg 2, 6433 Oetz).

Wer glaubt, bedeutende Kunst und Kultur gibt es nur in großen Städten zu sehen, der irrt: das Turmmuseum Oetz tritt den Gegenbeweis an. Es ist architektonisch und kulturhistorisch ein Schmuckstück, ebenso in der Darstellung der Schaustücke.

Aus der Geschichte: Erbaut wurde der Turm um 1377/80 als Sitz des ansässigen Landadels und gilt als ältestes erhaltenes Profanbauwerk des Ötztales. In den folgenden Jahrhunderten machte er eine Wandlung vom frühgotischen Wehrturm zum barocken Ansitz durch. In der frühen Neuzeit diente er dem Kloster Frauenchiemsee, dem die Ländereien gehörten, als Sammelstelle für die Pacht, die die Bauern abzuliefern hatten. Das abgelieferte Gut wurde in dem Turm gehortet, zu bestimmten Zeiten mit Karren aus dem Ötztal transportiert und dann auf Innschiffe verladen und nach Bayern gebracht. Später diente das Haus, nun kein reiner Wehrturm mehr, dazu, Bauernsöhnen, die keinen Hof geerbt hatten, eine Heimstätte zu geben. Diese Funktion wurde durch die Gemeinde aber im 20. Jahrhundert aufgegeben. Bis Mitte der 1990er-Jahre beherbergte das Gebäude noch eine Bewohnerin.

2004 wurde der Turm restauriert und zum Museum gemacht, in dem ein Teil der Sammlung von Hans Jäger untergebracht wurde. Der Oetzer hatte sein Leben lang Kunst und Möbel gesammelt und an die 5000 Objekte zusammengetragen. Wie feinsinnig Jäger sammelte, das kann man heute im Turmmuseum selbst erleben. Sein Blick richtete sich zwar auf das Ötztal und Oetz, was er jedoch erwarb, ist hochwertig und von überregionaler Bedeutung: **von mittelalterlichen Kunstschätzen**, die mit dem Kloster Frauenchiemsee zusammenhängen, über Renaissance-Porträts **bis zu volkstümlicher Kunst**. Auch frühe Lithographien mit Ötztaler Motiven sind zu sehen. Die Exponate wechseln immer wieder, weil die Sammlung Jäger weit größer ist als der Platz im Museum. In den letzten beiden Geschoßen finden überdies auch regelmäßig **Sonderausstellungen** statt. All das in einer großartigen Mischung aus alter Bausubstanz und **moderner Präsentation**.

Dazu kommt die eigenartige Architektur des Hauses, die sich von Stockwerk zu Stockwerk vom mittelalterlichen, engen Wehrbau zum stattlichen Wohnhaus wandelt. Bei der Sanierung wurde hier sehr behutsam vorgegangen. So wurde beispielsweise der alte, rußige Kamin in der Küche mit Stahlblech verkleidet, in den man durch Bullaugen schauen kann. Gleichzeitig lässt er durch das Dach Licht ein.

▶ **Öffnungszeiten**
Mitte Dezember bis Ostern Donnerstag bis Sonntag von 14.00 bis 18.00 Uhr; Juni bis Oktober Mittwoch bis Sonntag von 14.00 bis 18.00 Uhr.
www.turmmuseum.at

Die Funktion des Oetzer Turms, in dem heute das Museum zuhause ist, hat sich im Lauf der Jahrhunderte mehrmals gewandelt.

Wildes und stilles Wasser: Piburger See

▶ **Anfahrt**
Mit ÖBB bis Ötztal-Bahnhof und weiter mit Bus 4194 oder 8352 bis Haltestelle Oetz Gemeindeamt. Mit dem Pkw über die A 12, Ausfahrt Ötztal, und weiter nach Oetz; kostenpflichtiger Parkplatz im Zentrum.

Der Piburger See ist ein beliebter und idyllisch gelegener Badesee im Ötztal. Die Kapazitäten für Sonnenbader und Wasserratten dort sind freilich beschränkt. Warum also nicht eine Wanderung von Oetz zum See samt Umrundung und eventuell kleiner Abkühlung machen?

Die **Wanderung** beginnt beim kostenpflichtigen Parkplatz in Oetz. Der gut ausgeschilderte Weg führt zuerst am Ufer der Ötztaler Ache entlang. So geht es gemächlich dahin, bis man die **Wellerbrücke** erreicht hat. Auf dieser quert man die Ache, deren Wasser beeindruckend unter einem rauscht. Von der Brücke hat man auch einen tollen **Ausblick auf die Achstürze**.

Am gegenüberliegenden Ufer beginnt der Dr.-Miroslav-Tyrs-Weg. Tyrs stammte aus Böhmen, war Kunstkritiker und Begründer der tschechischen Turnerbewegung. Der schwerkranke Mann starb 1884 bei einem Spaziergang bei Oetz. Ein Denkmal am Weg erinnert an ihn. Bei zwei folgenden Abzweigungen halten wir uns stets links und gelangen nach etwa einer Stunde zum **Piburger See**. Und zwar direkt beim **Seerestaurant** mit seiner wunderbaren **Sonnenterrasse**. Sowohl eine Einkehr als auch ein Sprung ins Wasser bieten sich nun an. Im Gegensatz zu vielen Bergseen hat er mit rund 24 Grad im Sommer eine recht angenehme Temperatur. Der Platz ist, wie schon erwähnt, etwas beschränkt, darum liegen Badende auch oft ober- oder unterhalb der Spazierwege.

Aber auch eine **Umrundung** des Sees ist ausgesprochen nett. Immerhin handelt es sich seit 1929 um ein Naturdenkmal. Der See ist **Kernstück des Naturschutzgebietes** Achstürze – Piburger See. Während auf der einen Seite ein ausreichend breiter und geschotterter Weg bis nach Piburg führt, geht es über Stock, Stein und Wurzeln zurück. Wieder nach Oetz gelangt man entweder über die Wellerbrücke. Oder, wenn man etwas Abwechslung haben will, dann hält man beim Seerestaurant links auf einen kleinen Sattel zu. Von dort kommt man über Wald und später Wiesen wieder nach Oetz. Erst unmittelbar vor dem Parkplatz überquert man die Ötztaler Ache. Insgesamt ist man so gemütliche zweieinhalb Stunden unterwegs.

▶ **Gehzeit**
2 bis 2,5 Stunden. Der Weg ist prinzipiell breit und einfach, allerdings gibt es auch immer wieder Stufen. Es sind rund 100 Höhenmeter zu überwinden.

▶ **Einkehrmöglichkeit**
Restaurant am See (Seestraße 1, 6433 Oetz), geöffnet Donnerstag bis Montag von 10.00 bis 18.00 Uhr. www.piburgersee.tirol

Unter der Wellerbrücke rauscht die Ötztaler Ache dahin.

Paradies für Trend-Sportarten: Area 47

In der Area 47 wird alles angeboten, was einen Adrenalin-Kick verspricht: von Klettern über atemberaubende Wasserrutschen bis zu Moto-cross-Fahrten. Manches spielt sich direkt auf dem 95.000 Quadratmeter großen Gelände ab, manches aber auch in der freien Natur.

Über 35 Trendsportarten werden in der Area 47 angeboten, darunter einige ziemlich einzigartige: so etwa steht dort die einzige **Wakeboard-Anlage** Westösterreichs. Auch den höchsten

Hochseilgarten Österreichs (27 Meter) reklamiert die Area für sich. Rafting und Canyoning muten da beinahe schon gewöhnlich an.

Sicherlich auch außergewöhnlich ist die Moto-cross-Strecke. Auf der fährt man nämlich mit überraschend spritzigen und schnellen E-Motor-rädern. Und weil es E-Mobilität ist, kann auch Indoor gefahren werden, ohne großen Lärm und Gestank.

Viele dieser Aktivitäten sind sehr begehrt, besonders in der Hochsaison, daher empfiehlt sich auch eine Buchung weit im Voraus (Informationen auf der Homepage). Ach ja, und eine dicke Geldtasche sollte man auch haben, denn die meisten dieser Sportarten sind nicht billig. Am günstigsten kommt noch weg, wer im 20.000 Quadratmeter großen, künstlichen Badesee „nur schwimmen" geht.

Wer mit einem Tag in der Area nicht genug hat: Es gibt dort auch über 120 Indianerzelte (Tippis), Zimmer und Lodges zum Übernachten. Außerdem gibt es mehrere Lokale auf dem Gelände.

▶ Anfahrt

Mit ÖBB bis Ötztal-Bahnhof, weiter mit Bus 4196 bis Kreisverkehr Ötztaler Höhe oder EKZ Ötztaler Höhe, von dort zu Fuß ca. 10 Minuten zur Area 47 (Ötztaler Achstraße 1, 6430 Ötztal-Bahnhof). Mit Pkw über A 12, Ausfahrt Ötztal, direkt nach der Ausfahrt der Beschilderung folgen.

▶ Öffnungszeiten

Anfang Mai bis Anfang Oktober von 10.00 bis 18.00 Uhr (Anfang Juni bis Anfang September bis 19.00 Uhr). www.area47.at

Die Area 47 ist das Zentrum für Trend-Sportarten wie Rafting oder Canyoning.

Ein Vogel „pflanzt" Bäume: Zirbenpark Hochzeiger

► **Anfahrt**

Mit ÖBB bis Bahnhof Imst/Pitztal, weiter mit Bus 4204 bis nach Jerzens bis zur Talstation der Hochzeigerbahn (Liß 270, 6474 Jerzens). Mit dem Pkw über die A 12, Ausfahrt Imst/Pitztal, im Kreisverkehr Richtung Pitztal, Weiterfahrt bis Jerzens.

Im Zirbenpark dreht sich, der Name sagt es schon, alles um diesen Baum. Die Zirbe wächst besonders langsam, ist aber auch extra widerstandsfähig und daher in Höhen zu finden, wo andere Bäume kapitulieren. Bis zu 1000 Jahre kann sie alt werden. Und es werden ihr wohltuende Eigenschaften attestiert: Zirbenduft senkt die Herzfrequenz, wer in einem Bett aus Zirbenholz schläft, dem ist die Nachtruhe gewissermaßen garantiert. Ja, sogar als Schnaps kann man die rötlichen Zapfen des Baumes ansetzen. Auch wenn das Ergebnis vielleicht nicht jedermanns Geschmack trifft.

Seit 2015 gibt es an der **Mittelstation der Hochzeigerbahn** den Zirbenpark. Auf nur einem Kilometer Strecke bietet der **Erlebnispark** Wissen um die Zirbe, aber auch Action mit ihr. Derzeit gibt es 14 Stationen, es kommen aber nahezu jährlich welche dazu.

Gerichtet ist der Erlebnisweg hauptsächlich an die kleinen Besucher, was aber nicht heißt, dass nicht auch die Erwachsenen noch etwas lernen können. Die zwei Maskottchen „Pitzi" und „Gratsch" leiten durch den Park. Gratsch, das ist der Tannenhäher, der eigentlich dafür verantwortlich ist, dass überhaupt Zirben wachsen. Er bunkert nämlich in vielen, vielen Verstecken die Kerne der Zirbe als Futter für den Winter. Weil er aber ab und zu eines seiner Lager nicht mehr findet, beginnen die Samen zu keimen.

Wie groß eine Zirbe nach einem Jahr ist, das sieht man bei einer der ersten Stationen. Die Kinder können aber auch wohlriechende Zirbenspäne hobeln und in einem Leinensäckchen mit nach Hause nehmen. Zweifellos das Highlight ist der **Aussichtsturm**, der aus Zirbenschindeln gebaut und einem Zapfen nachempfunden ist. Und von diesem kommen die Kinder durch eine 16 Meter lange **Röhrenrutsche** wieder auf den Boden.

Im Sommer 2019 neu hinzugekommen ist der **Zirbenkugel-Kletterbaum**. Er ist eine Mischung aus Kugelbahn – ähnlich wie im Kugelwald (siehe Tipp Nr. 43) – und eben Klettermöglichkeiten. Für den Kletterbaum wurde übrigens eine 600 Jahre alte Zirbe verwendet, die der Blitz getroffen hat. Zum Ausruhen gibt es zwischendurch Hollywood-Schaukeln aus – wie sollte es anders sein – Zirbe, deren Pfosten wie Zapfen aussehen.

Keine Holzbereifung haben hingegen die **Zirben-Carts**, auch wenn man das bei dem Namen vielleicht im ersten Moment glauben könnte. Sie sind aus Metall, Plastik und Gummi. Mit den Dreirädern kann man eine 3,7 Kilometer lange Strecke bis zur Mittelstation hinunterdüsen. Es gibt aber auch geführte Touren, die bis zur Talstation gehen. Wöchentlich gibt es auch eine Führung, bei der die Zirbe noch genauer untersucht wird als im Erlebnispark.

► **Öffnungszeiten**
Anfang Juni bis Mitte Oktober täglich von 9.00 bis 17.00 Uhr.
www.pitztal.com,
www.hochzeiger.com

► **Tipp für experimentierfreudige Genießer**
Außer Zirbenschnaps kann man übrigens auch Zirbensenf, Zirbenöl, Zirbenmarinade und was noch alles machen. Die Anleitungen dazu gibt es bei den wöchentlich stattfindenden **Zirbenkulinarik-Workshops**. Die Teilnahme ist kostenlos. Wer seinen Zirbenschnaps mitnehmen möchte, bezahlt einen Unkostenbeitrag.

Mit den Zirben-Carts geht es hinunter ins Tal.

Imst

Imst mit seinen rund 10.000 Einwohnern ist Hauptstadt des gleichnamigen Bezirkes. Wie an den Gewerbegebieten rund um den Ort unschwer zu erkennen ist, ist es Verwaltungs-, vor allem aber wirtschaftliches Zentrum. In der Innenstadt sind die Pfarr- und die Kramergasse die Straßen mit dem größten Angebot an Geschäften und Lokalen.

Den Stadtkern prägen alte **Bürgerhäuser** mit Fassaden aus verschiedenen Epochen. Bergbau und später die Textilindustrie verliehen dem Ort schon sehr früh urbanes Flair. Prachtstück einer gotischen Hallenkirche ist die **Imster Pfarrkirche**. In unmittelbarer Nachbarschaft befindet sich das **Haus der Fasnacht** (siehe Tipp Nr. 82), in dem der Brauch des Schemenlaufes wunderbar beschrieben wird. Zweite bedeutende Kirche ist die neo-romanische **Johanneskirche** am Eingang zur **Rosengartenschlucht** (siehe Tipp Nr. 83). Imposant sind auch das **Kapuzinerkloster** und das Kloster der Barmherzigen Schwestern. Wer mehr über die Stadtgeschichte erfahren will, für den empfiehlt sich das **Museum im Ballhaus**.

Bekannt ist Imst als **Stadt der Brunnen**: über 35 prägen das Bild der Stadt. Die Versorgung der Bevölkerung mit Trinkwasser war über lange Zeit nur über öffentliche Brunnen möglich, weshalb sie im ganzen Stadtgebiet errichtet wurden.

18 davon sind historisch, die anderen jüngeren Datums. Besonders sehenswert sind in der Oberstadt der Obere und der Untere Brunnenkreis in der Unterstadt. Die Schutzheiligen der Brunnen sind oft auch gleich namensgebend für einen ganzen Platz.

Weltkulturerbe: Der Imster
Schemenlauf.

Ein Blick über Imst.

Am Kirchtag oder zu Fronleichnam sind die Wasserspender festlich geschmückt.

Imst war mit bei den ersten Orten, in denen eine **Sportkletteranlage** gebaut und das Wettkampfklettern gefördert wurde. Dementsprechend stammten und stammen auch etliche Weltklasse-Athleten in diesem Bereich aus Imst oder dessen Umgebung.

Mit **Hoch-Imst** hat die Stadt auch ihr eigenes kleines Skigebiet und die wohl spektakulärste **Sommerrodelbahn** (siehe Tipp Nr. 84) des Landes. Erreichbar mit Auto oder Bus in wenigen Minuten. Ebenfalls nur wenige Fahrkilometer entfernt in **Tarrenz** befindet sich die **Brauerei Starkenberger** mit ihrer Ausstellung BierMythos, in der man Wissenswertes über die Braukunst erfährt.

Eine Vorreiterrolle nahm die Stadt auch bei der Veranstaltung von großen **Musikfestivals** ein. Der **Art Club Imst** scheute im Lauf der letzten 30 Jahre nicht davor zurück, auch ganz Große einzuladen. So kamen unter anderem die Rolling Stones, Supertramp, Jethro Tull oder Velvet Revolver.

Von Rollern und Schellern: Fasnachtsmuseum Imst

▶ Anfahrt

Mit ÖBB bis Imst/Pitztal, dann mit Stadtbus 4 zur Endstation (GH Hirschen), weiter etwa 10 Minuten zu Fuß zum Museum (Streleweg 6, 6460 Imst). Mit dem Pkw über die A 12, Ausfahrt Imst, auf der Bundesstraße Richtung Imst/Tarrenz bis zum dritten Kreisverkehr, ab dort den braunen Hinweisschildern zum Museum folgen. Von Nassereith kommend, 1. Kreisverkehr. Parkmöglichkeit beim Friedhof (mit Parkscheibe 90 Minuten). Drei Minuten zu Fuß bis zum Museum.

„Söll mer huire in'd Fasnacht giah?" Diese – wenngleich rein rhetorische – Frage stellen sich die Imster Fasnachtler alle vier Jahre am Dreikönigstag bei einer Versammlung. Erhält die Frage Zustimmung, so findet das bekannte **Imster Schemenlaufen** statt. Früher wurde es am Unsinnigen Donnerstag abgehalten, seit 1933 an einem Sonntag. Beginn ist um Schlag 12 Uhr mittags, der Umzug endet mit dem Betläuten um 18 Uhr. Wie weit dieser Brauch zurückgeht, das weiß man nicht. Erstmals ausdrücklich der Begriff des Schemenlaufes verwendet wurde 1683.

Seine Geschichte kann man im **Imster Fasnachtshaus** verfolgen. Vom groben Zirbenklotz bis zur fertigen **Maske**, von den verschiedenen **Figuren** und deren Funktionen, von der

Planung der ersten **Wagen** bis zu deren Aufmarsch. Wobei die Wagen zwar eine liebgewordene Tradition geworden sind, aber nicht zum engeren Brauch des Schemenlaufes gehören.

Denn dieser ist streng reglementiert, wie einem im Museum auf Anfrage bei einer kleinen Führung gern erklärt wird. Da gibt es etwa die sogenannten Ordnungsmasken, die Sackner, die Spritzer, die Kübelemaje, die Hexen- und die Bärenbande, und allerlei mehr. Und vor allem die zwei Hauptmasken: die Roller und Scheller. Sie haben verschiedene Tänze und Figuren innerhalb eines Kreises zu vollführen: das „Gangl".

Die Ordnungsmasken haben dieses Treiben abzuschirmen. Außenstehende haben in diesem „Kroas" nämlich nichts zu suchen. Als die Hauptfiguren „nachäffende" Gegenstücke gibt es noch die Laggeroller und -scheller. Bei ihnen handelt es sich um Mann und Frau im fortgeschrittenen Alter, daher müssen sie auch stundenlang in gebückter Haltung im Umzug mitgehen. Statt der metallenen Schellen des echten Schellers trägt der Laggescheller welche aus Holz, die freilich nur ein erbärmliches Klappern hervorrufen. Zu gerne wären sie noch einmal jung und würden es den echten Rollern und Schellern gleichtun.

Die Teilnahme der Imster Schemenläufer an anderen Fasnachtsumzügen ist übrigens verpönt. Man bekommt sie im Original also nur in Imst zu sehen.

Das aufwändig renovierte und umgebaute Fasnachtshaus ist halb **Museum**, halb **Archiv** bzw. Depot. Dort werden nämlich auch die meisten der aufwändigen Kostüme und Masken gelagert, mit denen beim Schemenlauf dann bis zu 900 Männer und Buben am Umzug teilnehmen. Damit auch immer Nachwuchs vorhanden ist, gibt es seit 1950 alternierend mit dem Schemenlauf ebenfalls im Vierjahresabstand die „**Buabefasnacht**" für die männliche Imster Jugend.

▶ Öffnungszeiten
Jeden Freitag von 16.00 bis 19.00 Uhr sowie auf Anfrage (für Gruppen); weitere Termine unter www.fasnacht.at

▶ Weitere Fasnachtsmuseen
Fasnachtshaus Nassereith, www.fasnacht-nassereith.at/museumsverein.html
Noaflhaus Telfs, www.telfs.com/noafl/museum/indexframe.html
S'Paules und S'Seppls Haus, Fiss, www.museum-fiss.at/de/blochziehen
Matschgerer-Museum, Absam, www.absam.at/Matschgerer_Museum

Die aufwändig gestalteten Masken und Kostüme des Imster Schemenlaufs sowie der Buabefasnacht werden im Imster Fasnachtshaus aufbewahrt.

Schnitt durch die Erdgeschichte: Rosengartenschlucht

▶ **Anfahrt**
Mit ÖBB bis Bahnhof Imst/ Pitztal, dann mit Stadtbus Imst 4 ins Zentrum. Mit dem Pkw über A 12, Ausfahrt Imst, nach dem 2. Kreisverkehr auf der Umfahrungsstraße gibt es eine eigene Abzweigung Rosengartenschlucht. Ab hier den Schildern folgen.

Eine Wanderung durch die Rosengartenschlucht ist ein Ausflug in Kultur, Natur und Geologie gleichermaßen. Ganz abgesehen von der angenehmen Kühle, die einen dort in der Sommerhitze umfängt.

Die **Wanderung** beginnt im Zentrum von Imst bei der Johanneskirche. Sie ist vermutlich eine der ältesten Johanneskirchen Tirols, was man ihr aber nicht mehr ansieht, da sie 1822 abbrannte und in neo-romanischem Stil wiedererrichtet wurde. Von dort geht es weiter zu den sogenannten **Bergl-Häusern**, von denen oft nur die Fassaden aus dem Fels herausschauen. Der Rest der Gebäude wurde in den Berg hineingebaut. Danach beginnt erst die eigentliche Rosengartenschlucht. Sie ist an die 1,5 Kilometer lang und man überwindet lediglich einen Höhenunterschied von 200 Metern vom Anfang bis zum Ende. Doch dazwischen liegt eine der schönsten Schluchten Tirols mit Wasserfällen, Höhlen, Gumpen. Alles ist durch hölzerne Stege und Brücken bestens erschlossen. In Jahrmillionen hat sich das Wasser des Schinderbaches seinen Weg durch die Gesteinsschichten geschliffen, daher ist hier praktisch ein Schnitt durch die Erdgeschichte sichtbar. Wegen des kühl-feuchten Klimas in der Schlucht wird aber auch eine ganz eigene Vegetation begünstigt.

Am Ende der eigentlichen Schlucht, unmittelbar an der Straße nach Hoch-Imst, besteht die Möglichkeit, über den **Scheibenbichl** wieder nach Imst zum Ausgangspunkt zurückzukehren.

Oder aber, man geht weiter bis zur „**Blauen Grotte**". Es sind dies zwei durch Menschenhand im Bergbau entstandene Löcher. Das Wasser hat dort kleine Seen gebildet, wovon einer blau schimmert. Daher der Name. Von hier wandert man dann zum Parkplatz **Hoch-Imst**. Hier ließe sich die Wanderung mit einer Fahrt mit dem „Alpine Coaster" (siehe Tipp Nr. 84) verbinden. Den Rückweg nehmen wir über die **Hachleschlucht**. Er beginnt beim Gasthof Sonneck, nördlich des Parkplatzes. Durch diese Schlucht gelangen wir wieder zu unserem Ausgangspunkt in Imst zurück, wenngleich die Hachleschlucht auch lange nicht so spektakulär ist wie durch die Rosengartenschlucht. Die dritte und bequemste Variante: wir nehmen den Stadtbus Imst 3.

▶ Gehzeit

Für die gesamte Runde Rosengarten- und Hachleschlucht muss man etwa 2,5 Stunden veranschlagen. Bis zum Parkplatz Hoch-Imst beträgt die Gehzeit ca. 1,5 Stunden. Es sind 200 Höhenmeter zu überwinden. Die Schlucht ist je nach Witterung von Mai bis November begehbar.

Die Bergl-Häuser am Beginn der Rosengartenschlucht sind mit den Felswänden nahezu verwachsen.

Blitzschnell vom Berg:
Alpine Coaster

► **Anfahrt**
Mit ÖBB bis Bahnhof Imst/
Pitztal, mit Bus Imst 4 vom
Bahnhof Imst ins Zentrum, von
dort mit Bus Imst 3 nach Hoch-
Imst. Mit dem Pkw über die
A 12, Ausfahrt Imst, weiter bis
Imst Zentrum und dort auf
kleiner, steiler Straße nach Hoch-
Imst (Hoch-Imst 19, 6460
Imst). Dort sind ausreichend
kostenlose Parkplätze vorhan-
den.

Die Ampel stellt auf Grün und los geht's! In mehr
oder weniger rasantem Tempo geht es auf der
Sommerrodelbahn – nach eigenen Angaben
der längsten in den Alpen – von der Unter-
markter Alm nach Hoch-Imst hinunter.
Bei durchschnittlichem Tempo fährt man die 3,5
Kilometer lange Strecke in etwa neun Minuten.
Dabei gleitet der Schlitten, in dem man sitzt, er-
staunlich ruhig dahin. Kein Wunder, er läuft nämlich gleich auf mehreren Schienen und daher
sehr sicher. Aber dennoch wird einem bei den
Wellen und schnittigen Kurven zuweilen etwas
mulmig. Dem einen oder der anderen entfährt

da schon ein kleines Kreischen. Dabei hat man da noch gar nicht den Höhepunkt der Fahrt, einen 450-Grad-Kreisel, erlebt. Wenn man da dann durch ist, wartet nur mehr der Auslauf auf einen. Bremsen, dass man nicht auf den vorderen Schlitten auffährt und … Erde, du hast mich wieder.

Naturgemäß ist der Alpine Coaster **für Kinder** ein magischer Anziehungspunkt. Ab dem dritten Lebensjahr dürfen sie mit den Eltern, Großeltern, Tanten und Onkels mitfahren. Mit acht Jahren und bei einer Größe von 1,25 Metern können sie auch allein die Bahn hinunterbrausen.

Tipp für Erstbenutzer: Langsam angehen lassen, die Strecke einmal kennenlernen. Wenn man sich dann einigermaßen sicher fühlt, kann man ein bisschen die Bremsen lockern. Aber natürlich sollte man auch nicht ein Hindernis für Nachkommende werden, weil man im Schneckentempo unterwegs ist.

▶ **Öffnungszeiten**
Anfang Mai bis Anfang Juni sowie Mitte September bis Ende Oktober Donnerstag bis Sonntag von 10.00 bis 17.00 Uhr; Juni bis Mitte September täglich von 10.00 bis 17.00 Uhr.
www.imster-bergbahnen.at/de/sommer/alpine-coaster

▶ **Weitere Sommerrodelbahnen**
• Timoks Wilde Welt, Fieberbrunn, www.fieberbrunn.com/de/sommer/timoks-wilde-welt
• Sommerrodelbahn Walchsee, www.zahmerkaiser.com
• Alpbachtaler Lauser-Sauser (siehe Tipp Nr. 20), Alpbach, www.skijuwel.com/de/sommer
• Arena Coaster, Zell am Ziller, www.zillertalarena.com
• Sommerrodelbahn Mieders, www.serlesbahnen.at
• Fisser Flitzer, Fiss, www.sommerfunpark.at
• Sommerrodelbahn Biberwier, www.bergbahnen-langes.at
• Sommerrodelbahn Wally-Blitz, Elbigenalp, www.knitteltirol.at
• Sommerrodelbahn Venet, Zams, https://www.venet.at/highlights/venet-bob/

Von rasant bis gemütlich ist am Alpine Coaster alles möglich.

Hartes Brot:
Knappenwelt Gurgltal

▶ **Anfahrt**

Mit Bus 4206 (ab ÖBB-Bahnhof Landeck-Zams, Imst Terminal bzw. Nassereith ÖBB-/Postbus-Garage). Mit dem Pkw über die A 12/Ausfahrt Imst oder von Nassereith kommend bis Tarrenz zum Gemeindeamt in der Orts-mitte. Von dort entweder mit dem Auto weiter oder zu Fuß nach Osten, den braunen Hin-weistäfelchen folgend. Leider zum Teil sehr schlecht/klein ausgeschildert. Direkt bei der Knappenwelt (Tschirgant 1, 6464 Tarrenz) befinden sich nur eingeschränkt Parkplätze.

Das Gurgltal zwischen Imst und Nassereith war einst ein bedeutendes Bergbaugebiet. Weil die Stollen aber hoch in den Bergen liegen und von der Infrastruktur kaum mehr etwas übrig ist, wur-de in Tarrenz am Waldrand ein kompletter mittel-alterlicher Bergbaubetrieb nachgebaut.

Aus der Geschichte: Bevor der Bergbau im Gurgltal begann, war das Leben karg. So erzählt es ein Kurzfilm, der im Knappenhaus abgespielt wird. Erst als ein sogenannter Venediger, ein Pro-spektor aus Italien, die Gegend erkundete und auf Erzvorkommen stieß, begann ein Auf-schwung. Wenngleich die Arbeit unvorstellbar hart war: Das Gestein wurde zuerst durch offene Feuer erhitzt, von Hand aus dem Berg geklopft, mit Körben und später mit Hunten – kleinen Wä-gelchen – aus dem Stollen gebracht. Schon

12-jährige Kinder wurden dazu eingesetzt. Als man später Schwarzpulver für Sprengungen verwendete, erleichterte das die Arbeit zwar ein wenig, machte sie gleichzeitig aber auch gefährlicher. Brannte einmal die Lunte, waren die Bergleute in Gottes Hand. Die großen Steine, die man ausbrach, wurden dann von Hand und später mit einer Art Mühle zerkleinert, das Erz wurde ausgesondert. Über all diese Schritte der Arbeiter wachte ein Schreiber, der die Fördermengen in seine Bücher eintrug, damit nur ja nichts von dem wertvollen Gestein wegkam.

All diese **Stationen** werden in der Knappenwelt dargestellt: Angefangen vom feuchten, engen Stollen bis zur Schmiede, in der die stumpfen Arbeitsgeräte täglich wieder angespitzt werden mussten. So einen **Bergbaubetrieb** gibt es dort **im Maßstab 1:1** zu sehen, in kleinerem Format aber auch für die Kinder, die dort die Arbeitsschritte nachspielen können.

Neben dem Bergbaubetrieb findet sich noch ein zweites **Museum** auf dem Areal: jenes der **Heilerin vom Gurgltal**. 2008 wurde im Strader Wald in unmittelbarer Nähe zur Knappenwelt ein Frauengrab entdeckt. Mit allerlei Beigaben, die darauf schließen lassen, dass es sich bei der Toten um eine Heilkundige handeln könnte: Schröpfköpfe, Amulette, Kräuterreste ... Die Funde wurden in etwa in die Zeit des Dreißigjährigen Krieges (1618–1648) datiert; eine besonders düstere Zeit in Europa.

Wie die Heilerin zu Tode gekommen und warum sie abseits der Siedlung im Wald verscharrt worden ist, das weiß man nicht. Im Museum wird aber eine Erklärung angeboten: Ursprünglich wegen ihrer Heilkunst recht gut gesehen, wurde die Frau umgebracht, nachdem eine Geburt schiefgelaufen war. Das ist zwar eine reine Fiktion, aber nicht unwahrscheinlich, schließlich war es auch die Zeit der großen Hexenverbrennungen.

▶ Öffnungszeiten
Mai bis Ende Oktober von 10.00 bis 17.00 Uhr, Montag Ruhetag.
www.knappenwelt.at

▶ Einkehrmöglichkeit
„Happis Hütte", wenige Meter von der Knappenwelt entfernt, geöffnet mittwochs bis sonntags von 12.00 bis 20.00 Uhr,
www.happis-huette.at

▶ Hinweis
Unmittelbar neben „Happis Hütte" befindet sich auch noch eine **Kneippanlage**, nur für den Fall, dass einem nach der Erkundung der mittelalterlichen Bergbauwelt die Füße wehtun oder man müde Geister beleben muss.

▶ Tipp
Einige Male im Jahr werden auch **mittelalterliche Märkte und Feste** auf dem Gelände veranstaltet. Dann bevölkern Menschen in Kostümen aus dieser Zeit die Gebäude und lassen die Vergangenheit noch lebendiger werden.

Maxl begleitet die Kleinen durch die Knappenwelt.

Bezirk Landeck

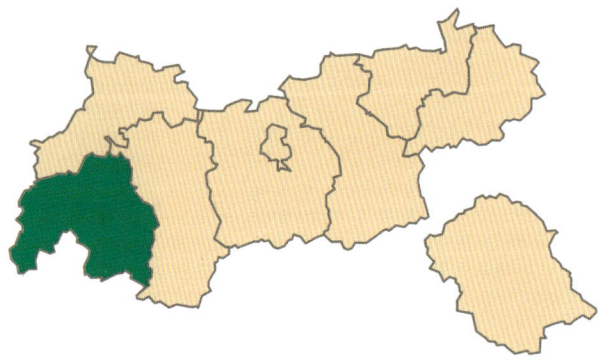

Müsste man den ersten Eindruck des Bezirkes beschreiben, so fiele er wohl so aus: enge Täler, steile Berge. Doch das stimmt nur, wenn man zu schnell durchfährt. Beim zweiten Hinsehen entdeckt man nämlich auch einige Gegenden, die diesem Eindruck ganz und gar nicht entsprechen. Der Bezirk umfasst das Inntal bis zur Staatsgrenze, das Kaunertal, das Paznaun und das Stanzertal. Stark (ski)touristisch geprägt sind das sogenannte Sonnenplateau (Serfaus-Fiss-Ladis), das Paznaun sowie der Arlberg. Jener Teil, auf den „enges Tal, steile Berge" zweifellos zutrifft, ist das **Kaunertal**, das bei Prutz vom Oberen Gericht nach Osten bzw. Süden abzweigt. In seinem hintersten Teil befindet sich der zweitgrößte Gletscher Österreichs, der **Gepatschferner**. Bevor man auf der **Mautstraße** (gebührenpflichtig südlich von Feichten) in 2750 Metern Seehöhe den Gletscher erreicht, fährt man am etwa sechs Kilometer langen **Gepatschspeicher** entlang. Das Tal wird östlich vom Kaunergrat und westlich von der Glockturmgruppe begrenzt. Der **Kaunergrat** ist einer der fünf Tiroler Naturparke (Tiroler Lech, Ötztal, Karwendel, Hochgebirgs-Naturpark Zillertal). Einen erlebenswerten Einblick in seine Besonderheiten erhält man im Naturparkhaus Kaunergrat am Pillersattel (siehe Tipp Nr. 91).

Das sogenannte **Obere Gericht** ist überraschend weit und lässt sich wunderbar mit einer nicht allzu langen Radtour erkunden (siehe Tipp Nr. 89). Eine besondere Stellung nimmt dort, im obersten Inntal, das **Sonnenplateau** mit den Orten **Serfaus**, **Fiss** und **Ladis** ein. Man erreicht

Blick auf das Stanzertal im Tiroler Oberland.

es über eine Straße von Ried aus. Im Winter ist es ein ausgedehntes Skigebiet auf einer nach Südosten ausgerichteten Terrasse. Die Berge dort sind mäßig steil, es ist daher ideal auch für Ski-Anfänger und Familien. Serfaus wurde auch dadurch bekannt, dass es Autos weitgehend aus dem Ort verbannte und eine Dorf-U-Bahn baute. Auch im Sommer ist das Plateau stark familienorientiert mit zahlreichen Attraktionen wie etwa dem Serfauser Sauser oder dem Fisser Flieger.

Eine ähnlich privilegierte Sonnenlage hat **Stanz**. Es ist vor allen für seine Zwetschken – und im Frühjahr für deren Blüte – bekannt. Nicht zuletzt aber auch für das, was daraus gemacht wird. In rund 60 **Brennereien** werden nämlich Schnäpse gebrannt, die vielfach prämiert wurden. Ein hochprozentiger Besuch in einer der Edelbrennereien lohnt sich.

Das **Paznauntal** umfasst fünf Gemeinden, wobei vor allem zwei „tonangebend" sind: die Skitourismus-Hochburg Ischgl und das weitaus leisere **Galtür**, seit 1997 der erste **Luftkurort** Tirols.

Das obere **Stanzertal** mit seinem Hauptort **St. Anton** ist als eine der Wiegen des Skilaufes bekannt. Doch schon Jahrhunderte davor war es wegen des **Arlbergpasses** wichtig, später dann wegen des Eisenbahntunnels, der Tirol und Vorarlberg verband, und schließlich auch wegen des Straßentunnels. St. Anton ist aber nicht nur im Winter attraktiv. Seit der Verlegung des Bahnhofes hat es viel an Platz und Charme gewonnen. Die umliegenden Berge laden zum **Wandern** und **Bergsteigen** ein.

Gasthof, Klösterle, Bergfried: Kronburg

▶ Anfahrt

Mit dem Pkw über A 12, Ausfahrt Schönwies, rechts Richtung Schönwies halten, erste Einfahrt nach Schönwies, dann rechts dem Wegweiser Gasthof Kronburg folgen. Parkplätze unmittelbar beim Gasthof (Kronburg 103–107, 6511 Zams).

Wer von Zams nach Osten fährt, über dem thront auf einem Felsen ein gewaltiger Turm: die Kronburg. Sie beherrscht wie ehedem das Inntal an einer Engstelle, an der heute gerade einmal Fluss, Autobahn und Bahn Platz finden. Dabei ist Kronburg aber weit mehr als nur der Bergfried. Kronburg wird das gesamte Ensemble auf dem gleichnamigen Sattel genannt. Dieses besteht aus einem Gasthaus, der Wallfahrtskirche Mariahilf, dem Klösterle und eben der Burg.

Das Kirchlein entstand im 17. Jahrhundert nach einer Wunderheilung. Wie so oft entwickelte sich rasch eine rege **Wallfahrtstätigkeit** und mit Hilfe von Spenden wurde die Kapelle von 1714 bis 1717 zur Kirche erweitert. Es entstand das **baro-**

cke Kleinod, das wir heute noch sehen. Das Kirchlein gehört als Kaplanei zur Pfarre Zams.

Neben dem schönen **Wirtshaus** mit einer Galerie, in der wechselnde Ausstellungen gezeigt werden, ist noch ein weiteres Gebäude interessant: das **Klösterle**. Seit 2005 wird es von den Barmherzigen Schwestern Zams geführt. Wer innere Einkehr sucht, der findet sie hier auf Zeit. Sonst kann man sich aber auch einfach nur an dem schönen **Garten** erfreuen.

Im Jahr 1985 wurde der Verein „Rettet die Kronburg" gegründet, der seither um deren Erhalt kämpft. Durch Restaurierungen wurde sie wieder standfest gemacht, es tauchen aber häufig Probleme mit dem Bau und dem Weg auf.

Aus der Geschichte: Die Kronburg selbst wird erstmals 1380 erwähnt. Hans von Starkenberg ließ sie erbauen. Das Geschlecht der Starkenberger aus dem Raum Imst – daher auch der Name der Brauerei Starkenberger – war eines der mächtigsten im alten Tirol und besaß Ländereien nördlich und südlich des Brenners. Als sie jedoch versuchten, sich im Rahmen eines Aufstandes 1423 auch die Besitztümer des im Konzil von Konstanz geächteten „Friedl mit der leeren Taschn" anzueignen, war dies ein Schritt zu viel. Als Friedrich IV. seine Macht wiederherstellte, stürzte er die Starkenberger. Die Burg kam an die Landesfürsten, Maximilian I. vergab sie später an die Familie Fieger. Nach deren Aussterben fiel die Burg 1802 wieder zurück an den Staat. Schon damals befand sie sich in einem schlechten Zustand und war unbewohnbar.

► **Tipp**

Vom Kronburgsattel geht man eine knappe halbe Stunde zur Burg hinauf. Der Blick von dort oben Richtung Zams und Arlberg ist großartig.

► **Einkehrtipp**

Gasthof Kronburg mit Sonnenterrasse. www.kronburg-tirol.at

Bilden eine Einheit: Kirche, Klösterle, Gasthaus und Burg.

Sagenhaft: Zammer Lochputz

▶ Anfahrt

Mit dem Bus Landeck 1 vom ÖBB-Bahnhof Landeck-Zams bis zum Lochputz oder mit dem Pkw über die Autobahn A 12, Ausfahrt Zams, bei der Innbrücke im Ort am nördlichen Ufer entlang bis zum Parkplatz.

Wenn sich zwei Männer um eine Wassernymphe streiten, dann entsteht … der Zammer Lochputz: eine Sagengestalt und Freizeitattraktion gleichen Namens.

Am Eingang bzw. bei der Kasse zum Zammer Lochputz, einer **Schlucht** am östlichen Ortsbeginn von Zams, heißt es zuerst einmal „Helm ausfassen". Denn aus Sicherheitsgründen darf das Areal nur mit Kopfschutz betreten werden.

Erste Station ist ein **Kleinkraftwerk** der TIWAG, in dem man hinter Glas den zwei Turbinen bei der Arbeit zusehen kann. Draußen im Freien sticht einem links dann ein altes, verfallenes Gemäuer ins Auge: die Schmiede, Behausung eines der beiden Männer, die laut Sage um die Wassernymphe gestritten haben.

Dorthin führt eine **Hängebrücke**, heute aus modernem Stahlgitter, früher wohl aus Seilen und Holz. Und die soll der Schmied angesägt und so seinen Nebenbuhler, einen jungen Zammer Hirten, in die Fluten befördert haben. Doch noch bevor der junge Mann auf dem Wasser aufschlug, soll er sich in einen Stier verwandelt haben, von den Einheimischen Lochputz genannt, der seither über das geheimnisvolle Innere der Schlucht wacht. Heute symbolisiert eine 50 Meter hohe Wasserfontäne am Eingang der Klamm ein mächtiges Stierhorn. Auf einem **Steg** geht es dann zu einem **Wasserfall** und danach viele, viele Stufen am Rande der Schlucht hinauf. In einem großen Tunnel mit Spiegelplatten begegnet man schließlich wieder einem Stück der Sage. Denn mit blanken, silberglänzenden Steinen soll der Hirte dem Schmied einen Blick in dessen Inneres ermöglicht haben. Dies war eine von drei Aufgaben, die der Ältere dem Jüngeren gestellt hatte. Nach deren Erfüllung wollte er die Wassernymphe zur Heirat freigeben. Doch er überlegte es sich im letzten Moment eben anders und ließ stattdessen Heimtücke walten. Nun geht es wieder in Richtung Eingang zum Zammer Lochputz: Dort, in einem historischen **Wehrturm**, der einst zur Außenanlage der Burg Schrofenstein bei Stans gehört hat, wird in einem **Film** die ganze **Sage erzählt** und man bekommt das Lied vom Lochputz zu hören. Für Kinder bis etwa 10 Jahren ausgesprochen nett.

▶ **Öffnungszeiten**

Von Mai bis Ende September täglich von 9.30 bis 17.30 Uhr, im Oktober von Samstag bis Montag jeweils 10 bis 17 Uhr. Im Winter werden jeden Mittwoch Abendführungen angeboten.
www.zammer-lochputz.at

▶ **Gehzeit**

Zeitbedarf ohne Führung etwa 1 bis 1,5 Stunden.

▶ **Hinweis**

Kinder unter 10 Jahren dürfen die Anlage nur mit einer Aufsichtsperson betreten.

Auf der Steiganlage erfährt man die Kraft des Wassers ganz unmittelbar.

Landeck

Landeck ist die westlichste Stadt Tirols und liegt am Zusammenfluss von Inn und Sanna in einem recht engen Talkessel. Dominiert wird sie von der gleichnamigen **Burg** (siehe Tipp Nr. 88), zu deren Fuß sich auch das historische Zentrum der Stadt mit ihren rund 8000 Einwohnern befindet. Hier befindet sich auch die Haupt-Einkaufsstraße. Der Ortsname selbst ist erstaunlicherweise kaum 200 Jahre alt. Unter ihm wurden die früher eigenständigen Dörfer Perfuchs und Angedair zusammengefasst. Einen großen Aufschwung nahmen Landeck und Umgebung erst mit der Fertigstellung der Eisenbahn nach Vorarlberg 1883/84. Die Bahn brachte Arbeitsplätze und Touristen. 1904 wurde Landeck zum Markt, 1923 zur Stadt.

In den 1990er- und frühen 2000er-Jahren wurde Landeck vor allem als **Schulstandort** massiv ausgebaut: Handelsschule und Handelsakademie, Höhere Lehranstalt für wirtschaftliche Berufe, Bachelorstudium für Wirtschaft, Gesundheit und Sporttourismus.

Landeck kann mit besonders vielen **Kirchen** aufwarten: zum Beispiel mit der spätgotischen Pfarrkirche Mariä Himmelfahrt, der Pestkirche Hl. Sebastian, Rochus und Pirmin aus dem 17. Jahrhundert oder der modernen, architektonisch interessanten Pfarrkirche Landeck-St. Josef.

Auf einem Plateau nördlich der Stadt liegt der idyllische **Tramser Weiher**, ein beliebtes Naherholungsgebiet samt Restaurant. Nicht weit ist es auch ins **Schnapsbrennerdorf Stanz** und zur **Ruine Schrofenstein**, die unübersehbar nördlich des Landecker Talkessels thront.

Vom benachbarten **Zams** führt eine Seilbahn auf den **Venet**. Von der Bergstation aus lassen sich gemütliche, recht leichte Wanderungen machen. Außerdem gibt es dreirädrige Gocarts, sogenannte **TobiCarts**, die eine rasante Talfahrt ermöglichen, und seit 2019 auch eine **Sommerrodelbahn**.

Landeck wird von der gleichnamigen Burg dominiert.

Vom Bleiben und Gehen: Schloss Landeck

Die graue Vorzeit der Landecker Burg (siehe Abbildung vorhergehende Seite) ist unbekannt. Jedenfalls gibt es kein Geschlecht, das mit ihr verbunden wird. Licht wird im dortigen Heimatmuseum nun hingegen in eine Zeit gebracht, die ebenfalls dunkel war: die der Auswanderung.

Aus der Geschichte: Seinen Stempel drückte besonders Meinhard II., Graf von Görz und Tirol, im 13. Jahrhundert der Burg Landeck auf. Er ließ sie um-, ja, möglicherweise sogar fast neu bauen. Seit seiner Zeit befand sie sich lange Zeit im Besitz der Landesfürsten, wurde in turbulenten Zeiten, wenn Geld knapp war, aber auch etliche Male verpfändet. Während einer solchen Zeit wurde sie im 16. Jahrhundert umgebaut und erweitert. Damals wurde aus der Wehrburg ein repräsentatives Schloss. Nach einem Brand im 18. Jahrhundert wurde sie wieder errichtet und erhielt ihr heutiges, nüchternes Bild mit den regelmäßigen Fensterreihen. Sie war lange Zeit auch Gerichtssitz, bis dieser 1840 in einen Ansitz in der Herzog-Friedrich-Straße wechselte. Danach wurde sie Kaserne, was ihrem Erscheinungsbild nicht besonders guttat. Jahrelang wurde die Burg vernachlässigt. 1942 wurde sie von der Stadt Landeck gekauft, 1973 bekam das Heimatmuseum dort einen Platz.

Neben dem Heimatmuseum beherbergt heute das Schloss Landeck auch eine **Galerie für zeitgenössische Kunst**. Wobei Heimat hier einen doppelten Sinn erhält. Das Museum erzählt nämlich vom harten, kargen Leben im Tiroler Oberland. Aber auch von einer möglichen neuen Heimat, in die viele in der Not auswanderten.

Daher ist das Museum Landeck auch Partner beim Projekt **Schwabenkinder**. Das waren Kinder und Jugendliche aus dem Tiroler Oberland, die im 18. und 19. Jahrhundert von den Eltern zum Arbeiten über den Arlberg ins Bodenseegebiet geschickt wurden, um daheim keine „unnützen Esser" zu haben. Diese Kinder verdingten sich als Mägde oder Viehhirten und brachten so Geld heim. In eigenen Führungen, die allerdings vorher gebucht werden müssen, wird vom Schicksal dieser Kinder erzählt.

Eine weitere **Dauerausstellung** ist dem Barock-Baumeister **Jakob Prandtauer** gewidmet. Er wurde 1660 in Stanz bei Landeck geboren. Er gilt als der Klosterbauer schlechthin. Sein wohl berühmtestes Werk ist Stift Melk. Porträts, Pläne und Modelle veranschaulichen seinen Werdegang und sein Schaffen. Und schließlich befindet sich im Gebäude noch die Schloss-Galerie. Dort werden Arbeiten von regionalen, aber auch internationalen Künstlerinnen und Künstlern vorgestellt. Sechs bis acht Ausstellungen werden pro Jahr gezeigt.

▶ **Öffnungszeiten**
Ende April bis Ende Oktober täglich von 10.00 bis 17.00 Uhr; von Mitte Dezember bis zum 6. Jänner täglich von 13.00 bis 17.00 Uhr.

Landeck in einer historischen Aufnahme aus der Zeit um 1890.

Bequeme Radtour: von Altfinstermünz nach Landeck

Altfinstermünz ist Ausgangs- und gleichzeitig Höhepunkt dieser unglaublich schönen Radtour durch das Obere Gericht.

Aus der Geschichte: Funde bezeugen, dass diese Engstelle am Inn bereits zur Römerzeit an der Via Claudia Augusta eine verkehrstechnische Bedeutung hatte. Erstmals als Finstermünz urkundlich erwähnt wurde sie 1159. Seit 1300 wurden dort schließlich Maut und Zoll eingehoben, was dann für fast 500 Jahre so blieb. 1472 wurden die ersten Festungsbauten errichtet, die man heute noch sieht: Siegmundsegg, die Burg im Felsen, sowie der Brückenturm im noch jungen Inn. 1502 bis 1537 wurde schließlich der mächtige Torturm errichtet, der zur Verteidigung mit einer Pechnase, aus der heißes Pech auf die Angreifer geschüttet wurde, ausgestattet war. Mit der Verlegung des Zolls verlor das Bollwerk an Bedeutung, war aber während der Napoleonischen Kriege 1799 noch einmal Schauplatz einer kleinen Schlacht zwischen Tiroler Verteidigern und einfallenden Truppen. Ab 1856 wurde Finstermünz zu Altfinstermünz, eine neue Straße führte nämlich über die Kajetansbrücke nach Nauders. Statt Soldaten beherbergte die Anlage nun ein Wirtshaus und eine Brauerei, beides verfiel aber langsam in den Dornröschenschlaf, aus dem es erst nach dem Zweiten Weltkrieg erweckt wurde: 1848/49 ließ das Denkmalamt die Brücke sanieren, frei begehbar ist diese wieder seit 1999.

Die Route: Von der Bushaltestelle Hochfinstermünz (einem leider verfallenden alten Hotel) fahren wir am besten mit dem Rad ein ganz kurzes Stück auf der verkehrsreichen Bundesstraße aufwärts, bis vor der nächsten Galerie ein Weg abzweigt. Dieser führt uns nach Altfinstermünz, wo die Kapelle und die Wehranlage zu besichtigen sind. Außerdem gibt es dort eine nette Burgschenke und einen Spielplatz.

▶ **Anfahrt**

Mit ÖBB bis Bahnhof Landeck-Zams, weiter mit dem Bus 210 bis Nauders-Hochfinstermünz. Die Räder können hinten am Postbus mitgenommen werden. Wer mit dem Pkw zum Bahnhof Landeck anreist und dort das Auto abstellen will, erwirbt mit dem Kauf des Bustickets (Automat in der Bahnhofshalle) die Abstellerlaubnis am P+R-Platz Landeck.

▶ **Länge der Radtour**

ca. 35 Kilometer. Es gibt nur wenige Anstiege, etwas längere erst unmittelbar vor Landeck.

Eine Zollstelle wurde bereits im Mittelalter an einer günstigen Stelle errichtet.

Schließlich nehmen wir die alten Brückenbohlen unter die Räder. Auf der linken Innseite geht es nun gemächlich dahin bis zur schon erwähnten **Kajetansbrücke**. Weiter fahren wir über den bestens ausgebauten und beschilderten Radweg durch die Orte des Oberen Gerichts. In der Regel weitab von jedem Verkehr, auch an heißen Tagen ist die Streckenführung angenehm schattig. und so mancher Gastgarten verlockt zu einer kleinen Pause. Aber auch einige Sehenswürdigkeiten laden ein, wie etwa die wunderschönen, alten Häuser von **Ried**: die Kirche, Schloss Siegmundsried oder die Linde, die zur silbernen Hochzeit von Kaiser Franz Joseph mit Elisabeth gepflanzt wurde.

Kurz vor **Tösens** lohnt ein kleiner Abstecher zu einer alten **Steinbogenbrücke**, die im Volksmund Römerbrücke genannt wird. Sie stammt freilich nicht aus dieser Zeit, liegt aber vielleicht an der Via Claudia Augusta, die über das Plateau von Serfaus führte.

▶ **Öffnungszeiten Erlebnisburg Altfinstermünz**
Von Mitte/Ende Mai bis Ende September Dienstag bis Sonntag von 11.00 bis 16.30 Uhr.
www.altfinstermuenz.com

Bei **Prutz** wartet eine ganz besondere Erfrischung: der **Sauerbrunnen**. Dort sprudelt aus einer Quelle mineral- und kohlesäurehaltiges Wasser. Auch eine schattige Überdachung, Bänke und ein WC gibt es für vielleicht schon etwas müde Radler.

Und schließlich passiert man vor Landeck noch eine letzte historische Stätte: Eine Eisenbrücke überspannt eine Engstelle im Tal, unter der sich heute der Inn staut. Hier steht die berühmte **Pontlatzer Brücke**, an der es zu Kämpfen mit Eindringlingen ins Land kam. Einmal während des Spanischen Erbfolgekrieges 1703 und ein weiteres Mal während des Tiroler Freiheitskampfes von 1809. Ein großer Adler auf der Westseite der Brücke zeugt von diesen Ereignissen.

Bei **Fließ** muss man dann das erste und einzige Mal ein Stück auf der Bundesstraße fahren, ehe man wieder auf einen ruhigeren Weg abzweigt. Nach ein paar Gegenanstiegen rollt man am Ende in **Landeck** ein.

▶ **Einkehrmöglichkeiten** gibt es in allen Orten entlang der Strecke.

Der Radweg führt durch die Dörfer des Oberen Gerichtes.

Einzigartiges Bollwerk: Festung Nauders

Mit dem Pkw über A 12, Ausfahrt Reschen/Umfahrung Landeck. Auf der Reschen-Bundesstraße bis ca. 2 km vor Nauders. Parkplätze in Fahrtrichtung Reschen links der Straße.

Wer auf der Reschen-Bundesstraße in Richtung Nauders fährt, der passiert einen gewaltigen Bau, der an die Franzensfeste in Südtirol erinnert. Und dieser Eindruck trügt nicht. Die Festung Nauders ist tatsächlich die einzige Sperre gegen den ehemaligen Feind Italien, die heute auf österreichischem Grund steht.

Aus der Geschichte: Schon im ausgehenden Mittelalter wurde in der Stillebachschlucht unweit der heutigen Festung die Niclasmauer gebaut. Sie war Teil eines Komplexes von Verteidigungsanlagen, zu der auch Altfinstermünz (siehe Tipp Nr. 89) gehörte. Im 19. Jahrhundert war sie freilich nicht mehr intakt. Noch bevor Österreich in den oberitalienischen Kriegen zusehends Territorium einbüßte, baute man zum Schutz des Kernlandes die Franzensfeste und die Sperre Nauders. Letztgenannte konnte Tirol gegen Einfälle aus der Lombardei und dem Engadin verteidigen, sie entstand zwischen 1834 und 1840. In den Giebeln der Festung sind daher diese beiden Daten und die jeweils regierenden Herrscher Franciscus (Franz) und Ferdinandus (Ferdinand) eingeschrieben.

Nach dem Ersten Weltkrieg war die Festung technisch endgültig obsolet, nach 1945 wurde sie von der französischen Besatzungsmacht und später vom Bundesheer als Lager genutzt. 1970 räumte das Militär die Liegenschaft, vier Jahre später wurde die Festung von einem Privatmann gemietet. Seither gibt es Führungen in diesem einzigartigen Gebäude. 1994 kaufte der Museumsverein Nauders die Festung schließlich um den symbolischen Betrag von 10.000 Schilling von der Bundesgebäudeverwaltung.

Heute kann man **die Festung besichtigen**. Sie beherbergt über 70 Räume auf fünf Etagen. Im Parterre etwa die Geschützstände, ganz oben einen hölzernen Ausguckkasten. Besonders faszinierend sind die Mannschaftsunterkünfte und eine große Halle, die im vierten und fünften Stock tief und bombensicher ins Gestein getrieben wurden. Durch eine Tür kann man dort in den Zwischenraum zwischen dem Festungsgemäuer und dem natürlichen Fels hinaussteigen.

Gegenüber der Festung steht ein Wachhaus. Dort war die Mannschaft untergebracht, wenn sie nicht bei Alarmierung die verschiedenen Stationen in der Sperre besetzen musste. Dort befinden sich auch der Parkplatz und einige Panzer des österreichischen Bundesheeres, die nur bedingt mit der Geschichte der Sperre zu tun haben.

▶ Führungen
Im Sommer jeden Mittwoch und Sonntag um 15.00 Uhr. Anmeldung für Sonderführungen bei Karl Ploner, Tel.: +43 (0) 5473/86 222.

Ein- und Tiefblick:
Naturparkhaus Kaunergrat

▶ Anfahrt

Mit Bus 4230 (von Zams) oder
4204 (von Imst) oder mit dem
Pkw über Fließ oder über das
Pitztal auf den Pillersattel
(Gachenblick 100, 6521 Fließ),
Gratis-Parkplätze vorhanden.

▶ Öffnungszeiten

Juni bis September Montag
bis Sonntag von 10.00 bis
17.00 Uhr, Oktober bis Mai:
wie oben, samstags aber
Zutritt über Ticketautomat.
https://www.kaunergrat.at/de/
erlebnis/naturparkhaus/

Natürlich ist es am schönsten, die Natur am Kaunergrat aus erster Hand zu erleben und zu genießen. Aber falls man nicht so gut zu Fuß ist oder zu wenig Zeit hat, ist das Naturparkhaus am „Gachenblick" (Gachen Blick) eine nette und bequeme Alternative.

Das Naturparkhaus wurde als erstes seiner Art 2007 in Tirol an einer Schnittstelle zwischen Natur und Kultur am Pillersattel errichtet. Dementsprechend zeigt die Ausstellung „3000 m VERTIKAL" neben Naturschönheiten auch die Geschichte des Ortes, an dem das Haus steht, mit seiner historischen Bedeutung als Verkehrsweg und Kultplatz. Die **Ausstellung** selbst ist zwar nicht groß, bietet aber einen Einblick in die Entstehung der Landschaft, in Fauna und Flora und einige Einzigartigkeiten der Gegend wie etwa das Piller Moor oder den Kaunerberger Hangkanal. Dieser wurde nach dem Zweiten Weltkrieg gebaut, um die ausgesprochen trockenen Wiesen um Kauns zu bewässern und fruchtbarer zu machen. (Er kann übrigens auch begangen werden.)

Viele Stationen sind interaktiv und **besonders für Kinder geeignet**: Wie fühlt es sich an, auf einem Moorboden zu gehen? Was sehe ich im Inneren einer Gletscherspalte? Was passiert, wenn sich – bewegt durch den Gletscher – Stein an Stein reibt?

Die kultische Seite des Pillersattels wird in einem Film dargestellt: Eine Frau, die mit ihrem Mann im Naturpark übernachtet, träumt von Tieropfern und anderen schaurigen Zeremonien. Immer wieder wacht sie schweißgebadet auf und ihr Mann muss ihr erzählen, was er über diesen Platz weiß: Der Pillersattel war schon ein wichtiger Handelsweg, lange bevor die Römer dort ihre Via Claudia Augusta bauten. Auf der Pillerhöhe wurden auch **Opferplätze aus der Bronze- und Eisenzeit** entdeckt, auf denen den Göttern früher Tiere und später Waffen, Fibeln oder Werkzeuge dargebracht wurden. Den Kultplatz erreicht man zu Fuß vom Naturparkhaus in wenigen Minuten. Er ist durch seinen Prozessionszug mit Figuren aus Cortenstahl nicht zu übersehen.

Hinweis: Die dort gefundenen Gegenstände kann man heute im **Archäologischen Museum Fließ** besichtigen.

Abgerundet wird der Besuch im Naturparkhaus durch einen Kaffee auf der Terrasse des Café-Restaurants „Gachenblick" mit einem atemberaubenden – eben gachen – Blick ins Inntal, Richtung Arlberg oder Kaunertal. Wer nicht einkehren will, der erlebt diesen **Tiefblick** auch auf einer Metallplattform unterhalb des Naturparkhauses.

▶ **Einkehrtipp**
Café-Restaurant „Gachenblick".

▶ **Archäologisches Museum Fließ**
1. Mai bis 31. Oktober Dienstag bis Sonntag von 10.00 bis 12.00 Uhr sowie von 15.00 bis 17.00 Uhr. www.museum.fliess.at

Großes Holzspielzeug wartet auf die Kinder.

In den Highlands: Silvretta-Hochalpenstraße

▶ Anfahrt

Mit ÖBB bis Bahnhof Landeck-Zams, weiter mit Bus 4240 (Bahnhof Landeck-Zams bis Bielerhöhe) oder 260 (Bahnhof Landeck-Zams bis Galtür). Mit Pkw über die A 12 und weiter auf der Arlberg-Schnellstraße, Ausfahrt Paznauntal. Zwischen Galtür und Partenen ist die Strecke mautpflichtig. Der Preis beinhaltet die Hin- und Rückfahrt. Parken/Nächtigung an der Strecke ist verboten.

Dieser Tipp überschreitet etwas die Landesgrenzen, aber der Weg ist in diesem Fall das Ziel. Und dieser Weg, die Silvretta-Hochalpenstraße, lohnt sich. Man fühlt sich auf der Fahrt von der Tiroler Seite auf die Bielerhöhe an die Landschaft eines schottischen Hochtales erinnert. Nur die Rinder tragen hier keine lange Zotteln und Hörner.

Insgesamt ist die Strecke 22,3 Kilometer lang, wobei der kürzere Teil auf der Tiroler Seite liegt. Die **gebührenpflichtige Mautstraße** beginnt kurz hinter **Galtür**. Von dort ist man in wenigen Minuten und Kehren bereits auf der **Bielerhöhe**. Doch die raue Schönheit des hochalpinen Tales soll und kann man dennoch in vollen Zügen genießen. Egal, ob aus dem Busfenster, mit dem Auto, dem Motorrad, oder – am besten – mit dem **Mountainbike**. Der Höhenunterschied von etwas mehr als 300 Metern, der zwischen Mautstelle und Pass zu bewältigen ist, erfordert keine sportlichen Höchstleistungen. Meist kann man auf einem eigenen Schotterweg neben der Straße fahren. Bei den kleinen Fischerseen kurz nach Galtür gibt es nette Jausenplätze. Oder man packt gleich die Angelrute aus.

Auf der Bielerhöhe liegt – bereits in Vorarlberg – der **Silvrettasee**, ein Stausee der Illwerke. Er ist durch gleich drei Staumauern begrenzt, die Grenze zwischen Tirol und Vorarlberg liegt genau auf der östlichen Mauer. Bei einer **Wanderung um den See** kann man einen Blick auf den höchsten Berg Vorarlbergs, den 3312 Meter hohen Piz Buin, erheischen. Die Umrundung dauert etwa zwei Stunden. Außerdem gibt es etliche **Einkehrmöglichkeiten**: von der gemütlichen Alm über die Schutzhütte bis zum architektonisch interessanten Seminarhotel wird alles geboten.

Die Rückreise kann man entweder über dieselbe Strecke antreten oder – falls man mit dem eigenen Pkw unterwegs ist – man macht die große Runde über das Montafon und den Arlbergtunnel oder -pass.

▶ Öffnungszeiten
Die Silvretta-Hochalpenstraße ist je nach Schneelage zwischen Mai und Oktober geöffnet. www.silvretta-bielerhoehe.at

▶ Tipp
Auf der Anreise über das Paznauntal lohnt sich ein Zwischenstopp beim **Alpinarium** Galtür (siehe Tipp Nr. 93). Auch ein Besuch des **Mathias-Schmid-Museums** (Stöckwald 33, 6561 Ischgl) – der Maler stammte aus See im Paznaun – ist nach Voranmeldung möglich. Voranmeldung unter Tel.: ++43 (0) 664/35 79 174.

Die Landschaft im Paznaun erinnert an ein schottisches Hochtal.

Treffpunkt, Erinnerungsstätte, Museum: Alpinarium Galtür

▶ Anfahrt
Mit ÖBB bis Bahnhof Landeck-Zams, weiter mit Bus 260. Mit Pkw auf der Arlberg-Schnellstraße, Ausfahrt Paznauntal, oder über das Montafon und die Bielerhöhe bis nach Galtür (Alpinarium, Hauptstraße 29c, 6563 Galtür).

Im Februar 1999 wurde Galtür von einer verheerenden Lawine getroffen. Als Voraussetzung, um den zerstörten Teil des Dorfes wieder aufbauen zu können, musste ein riesiger Steindamm aufgeschüttet werden. Doch er sollte mehr werden als „nur" ein Schutzwall für das Dorf.

Hinter beziehungsweise in der 345 Meter langen und 19 Meter hohen Mauer entstand ein **Haus der Begegnung**, ein **Museum** und eine **Gedenkstätte**: das Alpinarium. Das mit dem Museumsgütesiegel ausgezeichnete Haus zeigt unter anderem die Geschichte von Galtür und den Galtürern: jenen, die aus der weiten Welt in das Bergdorf kamen, und jenen, die aus dem

Ort in die Ferne zogen. Es geht aber auch auf viele Aspekte des täglichen Lebens ein: manche gewöhnliche, manche besondere, manche, die es nur in dieser Region gibt. Etwa die des Enzian-Ausgrabens, um daraus den scharfen, brennenden Schnaps herzustellen. Die Gemeinde Galtür ging 1992 bis zum Verwaltungsgerichtshof, um diese Tradition bewahren zu dürfen, die seit 1705 verbrieft ist. Seit 2013 wurde das Wissen um die Standorte, das Graben und Herstellen des Enzian-Schnapses in das Verzeichnis des **Immateriellen Kulturerbes Österreichs** aufgenommen, ebenso wie das Erfahrungswissen um den Umgang mit Lawinengefahr seit 2018.

Zweifellos auch nach über zwei Jahrzehnten am berührendsten ist im Alpinarium der Raum, in dem die Namen jener 31 Menschen aufgelistet sind, die bei der Lawinenkatastrophe von Galtür am 23. Februar 1999 ihr Leben verloren. Wer sie liest, dem wird bewusst, dass hier ganze Familien ausgelöscht wurden. Das **Triptychon** „Memento" von Arthur Salner passt zu dieser Erkenntnis.

Im ersten Stock des Alpinariums finden regelmäßig **Sonderausstellungen** statt. Außerdem befindet sich dort das Café „Gefrorene Wasser", von dem man ideal dem Nachwuchs (oder anderen) beim Klettern (Bouldern) in einer Halle zusehen kann. Auf dem Gebäude befindet sich schließlich eine **Aussichtsplattform**, von der man auch die Bauweise der wuchtigen Mauer sieht.

▶ **Öffnungszeiten**
Ende Mai bis Mitte Oktober
Dienstag bis Sonntag von 10.00 bis 18.00 Uhr; im Winter variierende Zeiten, am besten der Homepage entnehmen.
www.alpinarium.at

▶ **Einkehrmöglichkeit**
Café „Gefrorene Wasser" im ersten Stock des Alpinariums.

Das Alpinarium ist Schutzdamm, Gedenkstätte, Museum, Café und Aussichtsplattform.

Wie aus einem Bergdorf ein Skimekka wurde: Museum St. Anton

▶ Anfahrt

Mit ÖBB bis St. Anton oder mit dem Pkw über die A 12 und die S 16 dorthin. Das Museum (Rudi-Matt-Weg 10, 6580 St. Anton am Arlberg) ist vom Bahnhof in ca. 10 Minuten zu Fuß zu erreichen.

▶ Öffnungszeiten

Ende November bis Ende April täglich von 12.00 bis 18.00 Uhr. www.museum-stanton.com

Der moderne Skilauf hatte viele Wiegen, aber eine stand zweifellos am Arlberg. Ohne die berühmte Technik des Skipioniers Hannes Schneider würde man heute vielleicht ganz anders Ski fahren. Von dieser Geschichte erzählt das Museum St. Anton. Untergebracht ist es in einem wunderschönen Haus aus der Frühzeit des Tourismus, der „**Villa Trier**". Ein deutscher Industrieller hatte sie sich 1910 aus Liebe zu dem Ort, der Bergwelt und dem Sport dort errichten lassen. Umgeben ist sie von einem **Landschaftspark**, wie man ihn dort keinesfalls erwartet.

Seit 1971 ist die „Villa Trier" im Besitz der Gemeinde St. Anton. Im Parterre befindet sich ein **Restaurant mit wunderbarem Garten**, im ersten Stock das Museum. Es widmet sich vor al-

lem zwei Themen, die St. Anton zu dem machten, was es heute ist, und zwar dem **Bau der Eisenbahn** und der **Erfindung der Arlberg-Technik**.

Früher galt der Arlbergpass als gefährlich, weshalb im 14. Jahrhundert ein Hospiz als Notunter-
kunft für Reisende in St. Christoph gebaut wurde.
Bequem auf den Arlberg reisen ließ es sich erst
mit dem Bau der Eisenbahn von Tirol nach Vorarlberg, die 1884 eröffnet wurde. Der Tunnel
wurde 1880 begonnen, Kaiser Franz Joseph I.
machte sich selbst bei einem Besuch ein Bild
von der größten Baustelle seiner Monarchie. Mit
der Bahn kamen auch die ersten Gäste, ab der
Jahrhundertwende dann mehr und mehr ange-
lockt vom eben erst aufkommenden Skilauf.

Im Winter 1905/06 nahm **Hannes Schneider**,
ein junger Bursche aus Stuben am Arlberg, an einem ersten Skikurs teil, ein Jahr später wurde er
bereits als Skilehrer im Hotel Post angestellt. Gefördert wurde er in seiner Karriere vom deutschen Ingenieur und Tourismuspionier **Rudolf
Gomperz**, der sich 1905 in St. Anton niederge-
lassen hatte und von den Nazis im Lager Maly
Trostinez 1942 erschossen wurde. Nach dem
Ersten Weltkrieg baute Schneider seine erste Ski-
schule auf und lehrte dort den Stemmbogen,
während andernorts noch der Telemark-Stil gefahren wurde. Mit seiner Arlberg-Technik wurde
er bis nach Japan bekannt. Nach dem Anschluss
an das Dritte Reich musste Schneider, der ein
Gegner des Regimes war, in die USA flüchten.
Schneiders Erben waren unter anderem Rudi
Matt, vor dem Zweiten Weltkrieg einer der besten österreichischen Skiläufer, nach 1945 ein
Karl Schranz oder Mario Matt.

Ihre Geschichte und die des kleinen Bergdorfes,
aus dem ein weltbekannter Wintersportort wurde, erzählt das Museum St. Anton. Daneben gibt
es auch immer wieder **Sonderausstellungen**.

Rudolf Gomperz (re.) war
Förderer von Hannes Schneider
(links).

Skilauf war und ist der Wirt-
schaftsmotor von St. Anton:
Daran erinnert das in der
malerischen Villa Trier (Bild
links) untergebrachte Museum.

Bezirk Reutte

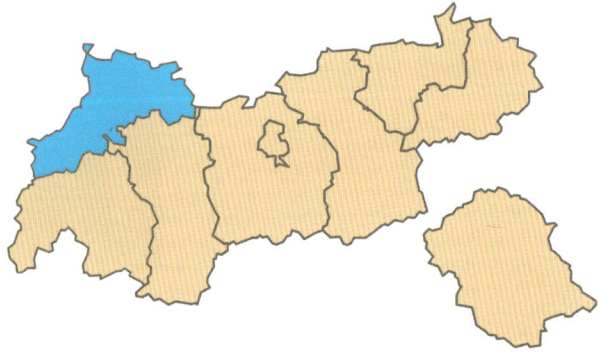

Das Außerfern ist die Region „außer dem Fern(pass)" – daher rührt vermutlich auch der Name. Das Tal vom Fernpass bis Reutte wird Zwischentoren genannt, wohl, weil sich an beiden Enden eine Art Engstelle, eine Pforte befindet: eben der Fernpass im Osten, die Ehrenberger Klause im Westen. Das Tiroler Lechtal reicht von der Grenze zu Vorarlberg bis zu jener nach Bayern bei Füssen. Es hat seinerseits wieder etliche Seitentäler wie das Bschlabertal, das Namlostal oder das Tannheimer Tal.
Geprägt ist das Außerfern durch eben dieses **Lechtal**, aber auch durch die zahlreichen Seen, deren größter der **Plansee** ist. Die zwei Hauptorte des Bezirks sind **Ehrwald** am Fuße der Zugspitze und **Reutte**.
Der Talkessel von Lermoos und Ehrwald wird durch das **Zugspitzmassiv** geprägt. Von Tiroler Seite kann man den höchsten Berg Deutschlands (2962 m) mit der Zugspitzbahn von Ehrwald aus „erklimmen", was allerdings ein recht teures Vergnügen ist. Eine der bekanntesten und längsten Wanderungen in dem Gebiet ist die **Gatterl-Tour**. Sie beginnt bei der Ehrwalder Alm, führt eben über das sogenannte Gatterl und endet auf dem Zugspitzgipfel. Oder umgekehrt. Hierfür gibt es ein eigenes Gatterl-Wanderticket, das die notwendigen Bahn- und Busfahrten beinhaltet. Weniger alpin geht es auf dem gegenüberliegenden **Grubigstein** zu. Dort findet sich mit Moosles Zauberwald und Forscherpfad ein kleines **Kinderparadies**.
Eine Besonderheit im Außerfern sind die zahlreichen Seen: der **Plansee** ist in Verbindung mit dem **Heiterwanger See** der zweitgrößte Tirols. Dort

Der Tiroler Lech ist eine der letzten Wildflusslandschaften der Alpen.

gibt es einige kostenpflichtige Badestände, aber auch gebührenfreie Abschnitte. Ein weiterer beliebter Badeplatz in der Umgebung von Reutte ist der **Urisee**.

Zwei bekannte Seen liegen auch im „schönsten Hochtal Europas", dem **Tannheimer Tal**: der Haldensee und der Vilsalpsee. Der **Haldensee** liegt unmittelbar neben der Straße und ist leicht erreichbar und zu umrunden. Nicht so der **Vilsalpsee**: Die Zufahrt ist zwischen 10.00 und 17.00 Uhr nur bis Tannheim gestattet, danach heißt es Rad fahren, wandern oder den Bus nehmen. Der See liegt nämlich mitten in einem Naturschutzgebiet und wäre sonst völlig überlaufen. In der Hochsaison ist auch so schon genug los. Baden kann man dort übrigens gratis, was aber bei durchschnittlich 17 Grad Wassertemperatur kaum jemand tut.

Die einzige Stadt im Außerfern ist mit 1500 Einwohnern gleichzeitig auch eine der kleinsten Österreichs: **Vils**, unmittelbar an der deutschen Grenze gelegen. Auf einem Hügel über dem Ort thront die **Burg Vilsegg**. Für die meisten Touristen freilich weit interessanter ist ein Besuch im benachbarten Füssen beim wohl bekanntesten Schloss des Bayernkönigs Ludwig II., **Neuschwanstein**.

Schließlich gibt es noch einen weiteren Ort, der eine gewisse Bekanntheit hat: **Elbigenalp**. Hier, im mittleren Lechtal, kann man in einer **Schnitzschule** das Handwerk des Holzschnitzens und Bildhauens erlernen. Das ganze Jahr über werden Kurse für verschiedene Altersstufen und unterschiedliches Können angeboten.

Malerisch und fotogen: Seebensee

Mit ÖBB bzw. DB bis Bahnhof Ehrwald oder mit Bus 150 (ab Nassereith bzw. Reutte). Vom Bahnhof Ehrwald verkehrt regelmäßig ein Wanderbus bis zur Talstation der Ehrwalder Almbahn. Mit dem Pkw über die A 12, Inntalautobahn, Ausfahrt Mötz, weiter über den Holzleitensattel und den Fernpass bis nach Ehrwald. Parkplätze bei der Bahn (Dr. Ludwig Ganghofer-Straße 66, 6632 Ehrwald).

Kristallklares Wasser, zuweilen leicht türkis-grünlich schimmernd, fast schon etwas mystisch. Umgeben von steilen Bergzacken, im Hintergrund das Zugspitzmassiv: der Seebensee ist das wohl bekannteste Fotomotiv Ehrwalds. Und das zu erreichen, ist mit Liftunterstützung relativ einfach.

Den „Aufstieg" übernimmt die **Ehrwalder Almbahn**. Von der Bergstation geht es auf dem breiten Schotterweg taleinwärts und dann in einem Anstieg den Hang hinauf in den **Seebenwald**. Dort angekommen, kann man entweder auf der Forststraße bleiben oder dem Fußweg zur **Seebenalm** folgen. Der Vorteil der Schotterstraße: Man kommt am Ganghofer- und am Talblick vorbei. Allerdings muss man zuweilen mit recht viel

Mountainbike-Verkehr rechnen, sehr viele Radler fahren nämlich aus dem Gaistal bis zur Seebenalm. Insgesamt schöner ist aber ohnedies der Fußweg.

Der gute Weg hört bei der Seebenalm auf, von dort sind es dann noch rund 20 Minuten durch lichten Föhrenwald und über Almwiesen bis zum **Seebensee**. Wer noch etwa 40 Minuten weitergeht, der kommt zu einem nicht minder schönen und romantischen See: dem **Drachensee**. Dieser liegt unmittelbar bei der **Coburger Hütte**. Er hat seinen Namen von einer Sage. Ein Drache soll die hartherzigen Bewohner eines Dorfes auf dem Seegrund bewachen, bis sie ihre Buße getan haben … Bisher sind sie nicht wieder aufgetaucht.

Den **Rückweg** nimmt man am besten über die Aufstiegsroute. Von der Bergstation der Bahn bis zum Seebensee geht man 1,5 bis zwei Stunden. Eine Einkehr in der Seebenalm natürlich nicht mitgerechnet.

▶ **Sommer-Betriebszeiten Ehrwalder Almbahn**
Ende Mai bis Anfang November von 8.30 bis 16.30 Uhr; Juli, August, September von 8.00 bis 17.30 Uhr. www.almbahn.at

▶ **Einkehrtipp**
Seebenalm, geöffnet Anfang Juni bis Anfang Oktober. https://seebenalm.jimdo.com

▶ **Gehzeit**
Insgesamt 3,5 bis 4 Stunden. Zwar sind es mit Bahnaufstieg nicht besonders viele Höhenmeter, für Kinder ist die gesamte Gehzeit aber vielleicht etwas lang.

Der Seebensee mit dem Zugspitzstock.

Handwerksgeschichte: Zunftmuseum Bichlbach

▶ **Anfahrt**
Wahlweise mit der Außerfernbahn von Reutte oder Garmisch bzw. Ehrwald kommend bis zum ÖBB-Bahnhof Bichlbach-Berwang, mit dem Bus 4250 (ab Nassereith bzw. Reutte) oder mit dem Pkw über Reutte oder Ehrwald bis Bichlbach. Das Museum ist im ersten Stock des Widums untergebracht, in dem sich auch die Tourismusinformation (Wahl 31, 6621 Bichlbach) befindet. Beides ist bestens ausgeschildert.

Ausgerechnet das kleine Örtchen Bichlbach und nicht etwa Reutte war in der frühen Neuzeit Zentrum der Zünfte im Außerfern. Nicht verwunderlich also, dass dort Österreichs einzige Zunftkirche steht. Wissenswertes zu den Zünften gibt es in einem eigenen Museum mitgeliefert.

Aus der Geschichte: Der Bichlbacher Pfarrer Lukas Egger war ein kluger Mann. Als 1689 das zu Bichlbach gehörende Dorf Lähn von einer Lawine verschüttet wurde, gelobte er, eine Bruderschaft zu gründen und eine Kirche zu bauen. Das mit der Bruderschaft war leicht getan, für einen Kirchenbau mangelte es aber am Geld. Daher beschloss Egger, die Gründung einer Bauhandwerkerzunft zu unterstützen. Die Handwerker sollten durch ihre Abgaben die Kirche finanzieren und sie auch gleich errichten. Und sein Plan ging auf: Die **Zunftkirche St. Josef** wurde in den Jahren 1710 bis 1718 nach den Plänen von Johann Jakob Herkommer aus Füssen im barocken Stil erbaut. Ausführender Baumeister für das Gotteshaus war Andreas Hafenegger aus Tannheim, der spätere berühmte Stadtbaumeister von Prag.

Was es mit den Zünften im Außerfern – aber nicht nur dort – auf sich hat, das erfährt man im **Zunftmuseum**, das im ehemaligen Widum gleich neben der Pfarrkirche im Ortszentrum untergebracht ist. In der liebevoll zusammengestellten Sammlung im ersten Stock des Hauses wird die **Geschichte der Zünfte** – sie waren gewissermaßen die Wirtschaftskammer des Mittelalters und der Frühen Neuzeit – allgemein erzählt, es wird aber auch auf einzelne Zünfte eingegangen, wie die Bäcker, die Zimmerer, die Maurer, die Maler, Bildhauer und Vergolder. Neben etlichen **Kunstschätzen** gibt es auch viel **Handwerk** zu sehen: die verschiedensten Verbindungen von Holzbalken, gemauerte Bögen, wie eine Wandmalerei entsteht oder eine Heiligenfigur vergoldet wird. Bei der Betrachtung der verschiedenen Techniken kann einem durchaus der Gedanke kommen, dass gutes, echtes Handwerk etwas Erhabenes hat. Auch das **Thema Religion** darf in der Ausstellung natürlich nicht fehlen, schließlich war ja die Zunftkirche das erste Meisterstück der Außerferner Bauhandwerker.

▶ **Öffnungszeiten**

Das Museum ist zu den Öffnungszeiten des Tourismusbüros – Montag bis Freitag von 9.00 bis 12.00 Uhr – zu besichtigen, dort bezahlt man auch den Eintritt.

Die Kirche liegt neben dem Sport- und Freizeitpark und ist tagsüber geöffnet, man kann allerdings nur durch ein Gitter in den Raum hineinsehen.
www.zunftmuseum.at,
www.zunftbruderschaft.at/zunftkirche.html

Geräte der verschiedenen Zünfte werden im Zunftmuseum gezeigt.

Reutte

Der **Markt Reutte** ist mit derzeit knapp 7000 Einwohnern das Zentrum des Außerferns. Er liegt in einem Talkessel im Lechtal unweit der deutschen Grenze. Dementsprechend orientiert sich besonders die Wirtschaft stark hin zum nördlichen Nachbarn. Das bedeutendste Unternehmen der Region sind die Planseewerke mit 2000 Mitarbeitern in Tirol.

Grenzort war Reutte schon immer, daher ist auch die **Festung Ehrenberg** das bedeutendste historische Bauwerk. Die Festung sollte mit weiteren Befestigungsanlagen das Vordringen von Feinden aus dem Norden ins Innere Tirols verhindern. Heute ist sie die touristische Attraktion der Region schlechthin. Die spektakuläre **Hängebrücke Highline 179** verbindet das Fort Claudia mit Ehrenberg selbst.

Mit der Bahn ist Reutte via Garmisch-Partenkirchen (Bayern) zu erreichen.

Reuttes Häuser sind reich an Lüftlmalerei.

In Reutte selbst sind vor allem etliche Häuser mit **Fassadenmalerei** am Obermarkt sehenswert. Die Malerei stammt großteils von Johann Jakob Zeiller, der im 18. Jahrhundert weit über Tirol hinaus Bekanntheit erlangte. So war er unter anderem in den Klöstern Ettal, Aldersbach, Ottobeuren und Benediktbeuern als Freskenmaler tätig. Von ihm stammt auch die Bemalung des wohl berühmtesten Hauses von Reutte, des **Grünen Hauses**. Es beherbergt heute das **Museum** der Marktgemeinde Reutte (www.museum-reutte.at).

Stark geprägt wird die Region um Reutte vom **Naturpark Tiroler Lech – Lechtal**. Seit 2004 ist es Schutzgebiet. Seither wurden bestehende Schutzbauten und Veränderungen des Lechs wieder zurückgebaut, um dem Fluss sein ursprüngliches Bett wiederzugeben. Sanfter Tourismus mit ausgedehnten Rad- und Wandwegen dominiert das Lechtal. Anziehungspunkte sind auch zahlreiche **Seen** in der Nachbarschaft: der Plansee, der Heiterwanger See, der Frauensee. Etwas weiter entfernt der Haldensee und der Vilsalpsee. Sie laden zum Wandern, Baden, Tauchen oder Fischen ein.

Ritter und Landsknechte: Burgenwelt Ehrenberg und Highline179

▶ **Anfahrt**
Mit Pkw über die B 179 Fern-
passstraße, Parkplätze beim
Besucherzentrum (Burgenwelt
Ehrenberg, Klause 1, 6600
Reutte) oder mit Regionalbus
150 bzw. 151 ab Bahnhof Reutte
bis Haltestelle Reutte Abzw.
Ehrenberger Klause. Achtung:
Eine Rückfahrt mit dem Bus ist
derzeit nicht möglich!

Die Festung Ehrenberg im Reuttener Talboden
ist zweifellos die Attraktion in der Gegend. Dabei
war sie viele Jahrzehnte dem Verfall preisgege-
ben. Wer heute Hunderte Besucher in den
Wehranlagen herumklettern sieht, mag das
kaum glauben.
Aus der Geschichte: Der älteste Teil des En-
sembles ist die **Burg Ehrenberg**, durch deren Errichtung 1293 Herzog Meinhard II. die Nordgren-
ze Tirols abschirmen ließ. Unter Sigmund dem
Münzreichen wurde 1480 eine Talsperre und

Zollstation, als Ehrenberger Klause bekannt, gebaut. Erst im Jahr 1645, als die Bedrohung durch die mordenden und brandschatzenden Horden verschiedenster Parteien im Dreißigjährigen Krieg fast vorbei war, begann unter Erzherzogin Claudia von Medici der Bau von Fort Claudia östlich der Klause. Es erwies sich später allerdings als militärisch recht wertlos. 1741 wurde schließlich die Festung auf dem Schlosskopf nach den damals neuesten – französischen – Fortifikationstechniken errichtet. Doch schon 1782 wurden der Schlosskopf und der ganze Komplex aufgelassen.

Heute kann man alle Teile der Festung wieder besuchen, von der Klause bis zum Schlosskopf. Kernstück der Anlage ist die **Klause mit dem Besucherzentrum**, in dem man sich auf die Spuren von Römern, Rittern und Landsknechten begeben kann. Sogar ein ehemaliger Salzstadel wurde von Lermoos hierher transferiert. Auch die **Ausstellung „Der letzte Wilde"** über den Lech ist hier beherbergt.

▶ **Einkehrmöglichkeiten**
Im Restaurant an der Klause.
www.ehrenberg.at

Die Burgenwelt Ehrenberg verteilt sich auf mehrere Hügel.

Fort Claudia erreicht man über die Highline 179.

Für Kinder gibt es ein eigenes Programm um die Abenteuer des Ritters Rüdiger.

Ein weithin sichtbares Highlight ist die **Highline 179**: sie überspannt die Klause, die Bundesstraße B 179 – daher der Name – und verbindet die Burg Ehrenberg mit dem Fort Claudia. Sie ist als längste Fußgänger-Hängebrücke im „Tibetstil" in das Guinness-Buch-der-Rekorde eingetragen. Erreichbar ist sie durch eine kleine Wanderung oder über einen Schrägaufzug. An schönen Tagen kann es schon einmal zu einem Stau auf der Brücke kommen, obwohl sie quasi zweispurig ist. Schließlich muss man ja einen ehrfürchtigen Blick in die Tiefe und ein paar Selfies machen.

Hat man die Brücke passiert, so kann man entweder gleich zurückgehen oder noch **Fort Claudia** besichtigen, das ein paar Gehminuten oberhalb liegt. Wer sich kein zweites Mal über die Brücke trauen sollte, der kann auf anderem Weg zurück zur Klause wandern.

Auf der gegenüberliegenden Talseite schlendert man durch die Ruine Ehrenberg und geht weiter über einen steilen Weg auf den Schlosskopf. Dort wurde eine Schaufestung errichtet, die das Leben im Mittelalter und der frühen Neuzeit plastisch zeigen soll. Zu sehen ist unter anderem ein Nachbau eines barocken Laufradkranes, mit dem schwere Bauteile in die Höhe gezogen wurden. Außerdem hat man vom – ebenfalls nachgebauten – Wachturm dort einen großartigen Blick ins Lechtal.

Hinweis: Nächtens sollte man sich von der Burg besser fernhalten. Es soll nämlich spuken. Drei verwunschene Jungfrauen sollen dort umgehen, am benachbarten Haargenstein sollen sie hausen. Wenn die drei Frauen eine Leine vom Haargenstein zum Ehrenberger Schloss spannen und ihre Wäsche aufhängen, so soll übrigens schönes Wetter kommen, sagt man.

Veranstaltungstipp: Einmal im Jahr, meist Ende Juli, gehört das Gelände zu den **Ritterspielen** Ehrenberg ein Wochenende lang ganz Männern in glänzenden Rüstungen, hübschen Burgfräuleins, groben Landsknechten und gewieften Schaustellern. https://www.ritterturniere.com/de/

▶ Öffnungszeiten
Das Besucherzentrum ist täglich geöffnet; Mai bis November von 09.00 bis 18.00 Uhr, Dezember bis April von 10.00 bis 16.00 Uhr.

Erlebnismuseum und Naturausstellung: Mai bis November von 10.00 bis 18.00 Uhr; Dezember bis April von 10.00 bis 17.00 Uhr.

Highline179 (Tickets beim Automaten): ganzjährig geöffnet von 8.00 bis 22.00 Uhr; Schrägaufzug von 9.00 bis 22.00 Uhr.

An einem Sommerwochenende gehört Ehrenberg bei den Ritterspielen ganz Rittern und Knechten.

Spazieren und genießen: Frauensee

▶ **Einkehrtipp**
Frauenseestube (Am Frauensee 2, 6600 Lechaschau), geöffnet Freitag bis Mittwoch von 11.30 bis 20.00 Uhr. www.frauenseestube.at

Schaurig, aber in ähnlicher Weise vielerorts verbreitet, ist die Sage vom Frauensee. Dort soll sich einst auf einer Lichtung das Schloss reicher Frauen befunden haben. Doch bald schätzten die hohen Damen Besitz gering, vergeudeten Lebensmittel, zeigten sich hartherzig gegenüber den Armen. Zur Strafe versank ihr Schloss im See.

Heute jedenfalls ist der kleine, romantische See ein Kleinod oberhalb von **Lechaschau** und **Wängle**. Er liegt auf 970 Metern Seehöhe am Fuße der Gehrenspitze auf einer kleinen Schulter. An einer Seite befindet sich ein privates Ferienheim, sonst ist der See aber frei zugänglich und im Hochsommer sogar für **ein erfrischendes Bad** geeignet. In der Seemitte liegt auch eine Plattform, die man mit einem Seil ans Ufer ziehen kann.

Jedenfalls aber ist eine **kleine Umrundung** des Gewässers – sie dauert 20 bis 30 Minuten – sehr lohnend. Danach lässt sich in der **Frauenseestube** gut einkehren.

Wandertipp: Nicht weit ist es vom See zur **Costarieskapelle**. Sie liegt knapp 200 Meter höher als der See. Von Wängle über die Kapelle und den See lässt sich eine ausgedehnte Wanderrunde unternehmen.

▶ Anfahrt

Mit dem Pkw über Reutte nach Lechaschau. In der Ortsmitte nach Norden abzweigen und über Felder bis zu einem großen Parkplatz am Waldrand. Von dort führt eine steile Straße zum Frauensee. Achtung, nur sehr wenige Parkplätze vorhanden! Alternativ den Parkplatz im Tal benutzen und von dort aus starten – ideal auch mit dem (E-)Bike.

Der Frauensee liegt malerisch oberhalb von Lechaschau.

Ein ständiges Zwitschern und Plätschern: Vogelerlebnispfad Pflach

▶ Anfahrt

Von Reutte kommend geht es am Ortsbeginn von Pflach links weg – von den vielen Tafeln ins Gewerbegebiet weist eine auch auf den Vogellehrpfad hin. Es besteht ausreichend gratis Parkmöglichkeit. Bis zum Ortsbeginn von Pflach (Haltestelle Reuttener Straße) fährt auch Bus 100 ab Reutte bzw. Füssen.

Es ist eine Landschaft, wie man sie sonst in Tirol nicht mehr kennt: Tümpel, Kanäle, Schilf, halb im Wasser versunkene Bäume. Und dann dieses breite, mäandrende Band des Lechs, des letzten Wildflusses in den Nordalpen.

Dem **Lech** kommt vor allem auch als Heim- und Brutstätte zahlreicher Vögel eine besondere Bedeutung zu. Am besten erleben lässt sich das auf dem Vogelerlebnispfad Pflacher Au. Wer seinen Wagen im dortigen Gewerbegebiet parkt, glaubt im ersten Moment vermutlich, falsch abgebogen zu sein. Wäre da nicht als untrügliches Zeichen ein riesiger hölzerner Turm, die **Vogelwarte** am Rande des Augebietes. Von dort oben

– in 18 Metern Höhe – bekommt man einen wunderbaren Überblick über diesen kleinen Dschungel. Und wer dann auf leisen Sohlen auf den Wegen dahinwandert und immer wieder einen Blick ins Gebüsch und auf die Wasserwege wirft, der kommt aus dem Staunen nicht mehr heraus: dort ein paar Enten mit ihrem winzigen, aber schon flink schwimmenden Nachwuchs, dazwischen zwei Schwäne, plötzlich steigt ein Reiher irgendwo aus dem Dickicht auf. Immer ist irgendwo ein Zwitschern, ein Plätschern, ein Summen und Brummen.

Von rund 150 **in Tirol heimischen Brutvogelarten** machen 110 in dieser Gegend Station. Darunter auch seltene Sumpf- und Wasservögel. 15 Prozent der Flussläufer, bis zu 10 Prozent der Flussregenpfeifer und Gänsesäger Österreichs befinden sich auf diesem kleinen Flecken Natur und in dessen unmittelbarer Umgebung.

Fünf Themenstationen informieren über die gefiederten (und auch sonstigen) Bewohner der Pflacher Au, man kann sein Gehör auch für die Vogelstimmen schärfen und ein Quiz spielen. Naturliebhaber können hier Stunden zubringen.

Hinweis: Wer mehr über den Naturpark Tiroler Lech wissen möchte, dem sei auch ein Besuch im **Naturparkhaus Klimmbrücke** bei Elmen (Klimm 2, 6644 Elmen) empfohlen. Schon allein das Gebäude, das auf eine Brücke aufgebaut wurde, ist beeindruckend. Kinder (und Erwachsene) können in einem Quiz mit einem interaktiven Teppich spielerisch lernen, wie der Naturpark Tiroler Lech entstand und was das Besondere an ihm ist. Oder man setzt sich auf den Balkon des Naturparkhauses und beobachtet einfach den tiefblauen Lech, wie er unter einem durchfließt. Die Farbe kommt übrigens von den Mineralien, womit auch schon die Lösung einer Quizfrage verraten wäre. Auf Kinder wartet ein großzügiger Naturpark-Spielplatz. www.naturpark-tiroler-lech.at

▶ Führungen

Von Anfang Mai bis Ende Oktober gibt es jeden Freitag eine Safari mit den Rangern des Naturparks Tiroler Lech, die einem noch mehr und besser zeigen können, wer im Schilf und im Totholz der Au lebt. info@naturpark-tiroler-lech.at

▶ Tipp

Es empfiehlt sich, einen Feldstecher und eine gute Kamera mitzunehmen. Allenfalls auch einen Insektenschutz.

Vom Vogelturm hat man einen tollen Überblick über die Pflacher Au.

Landschaftliches Kleinod: Doser Wasserfall

▶ **Anfahrt**
Mit Bus 110 (vom Bahnhof Reutte) oder Pkw bis zum Gemeindeamt von Häselgehr, Parkmöglichkeiten. Von dort muss man etwa 10 Minuten durch das Dorf bis zur Lech-brücke wandern.

Die Hauptattraktion im Lechtal ist selbstverständlich der „letzte Wilde", der frei fließende Lech. Doch auch sonst gibt es das eine oder andere Kleinod zu entdecken: den Doser Wasserfall bei Häselgehr zum Beispiel.

Der Doser Wasserfall liegt im Wald nördlich von **Häselgehr** verborgen, man muss also einen etwa einstündigen **Spaziergang** machen, um ihn zu entdecken. Bei der Lechbrücke am Ortseingang folgt man dem L, der Markierung für den Lechweg, aber auch der Wasserfall selbst ist angeschrieben.

Schon von Beginn an findet man neben dem Weg immer wieder Täfelchen, die einem die dort wachsenden Pflanzen, deren Wirkung und Verwendung vorstellen. Ein **Mini-Kräuterlehrpfad** gewissermaßen, der einen bis zum höchsten Punkt der Wanderung begleitet.

Leicht ansteigend geht es auf einer Forststraße durch ein Wäldchen mit eingestreuten Wiesen bis zu einer kleinen Brücke. Hier beginnt der Aufstieg zum Doser Wasserfall, den man schon mächtig rauschen hört. Hier wurde ein zwar steiler, aber sehr netter **Serpentinenpfad** – fast ein wenig wie in einem Landschaftsgarten – angelegt. Nach wenigen Minuten erreicht man so die erste von zwei kleinen **Aussichtsplattformen** und kann die Urgewalt des Wassers beobachten, das in einer Schlucht ins Tal stürzt.

Folgt man dem Weg nur ein kleines Stück weiter, entdeckt man Erstaunliches: Das Wasser ist verschwunden, im wahrsten Sinne des Wortes vom Erdboden verschluckt, denn es entspringt aus vielen kleinen Quellen nur etwas oberhalb des imposanten Wasserfalls. Beeindruckend, wie sich auf einer so kurzen Strecke solche Wassermassen sammeln können!

Der Weg führt nun weiter zur **Doser Kapelle**, die vor einigen Jahren errichtet wurde. Von dort hat man einen herrlichen **Ausblick** auf das Dorf und die umliegenden Berge, Bänke laden zu einer Pause. Der **Abstieg** führt über einen anderen, ebenfalls sehr liebevoll gestalteten Pfad, den **Drachenweg**, wieder hinunter auf die Forststraße. Auf dieser kehrt man dann, noch einmal die kleine Brücke passierend, zum Ausgangsort zurück.

► Gehzeit

Insgesamt benötigt man für die Runde etwa eine Stunde. Der Weg ist auch mit Turn- oder leichten Trekkingschuhen gut begehbar.

► Einkehrtipp

Café „Kaffeeklatsch" direkt beim Gemeindeamt. Die Kuchen sind selbstgemacht und auch sonst gibt es etliche Köstlichkeiten und Kleinigkeiten.

Der Doser Wasserfall ist ein echter Geheimtipp.

Bildnachweis

Adobe Stock (S. 9, 10, 25, 55, 88, 92, 107, 123, 126, 192, 215, 222, 230, 238, 239, Umschlagseite hinten); Binderholz, www.binderholz-feuerwerk.com (S. 74, 75); Brandacher, Anita (hintere Umschlagklappe); Ender, Horst, aus: Zillertal, Tyrolia-Verlag 2013 (S. 69); Fischlmaier, Hans, aus: Unterinntaler Wanderbuch, Tyrolia-Verlag 2019 (S. 31, 37, 38, 39, 42, 54); Freudenthaler, Norbert (S. 156); Gogl, Hubert (133, 176, 183) sowie aus Vier-Jahreszeiten-Wanderbuch Tirol, Tyrolia-Verlag 2018 (S. 87, 147) und Wipptaler Wanderbuch (S. 115); Greifvogelpark Telfes, www.greifvogelpark-telfes.at (S. 130, 131); Heimatmuseum Fügen (S. 76); Hochzeiger, www.hochzeiger.com, Foto Zangerl, Daniel (S. 200, 201, Umschlagseite hinten); Innsbruck Tourismus (S. 142, 166); KHM Museumsverband, Schloss Ambras Innsbruck (S. 139); Kitzbühel Tourismus (S. 17, 20, 21); Marberger, Helga, aus: Ötztaler Wanderbuch, Tyrolia-Verlag 2013 (S. 187, 195); Museum Kitzbühel, Sammlung Alfons Walde, aus Sieberer: Kitzbühel. Die Stadt und ihre Umgebung, Tyrolia-Verlag 2018 (S. 18, 19); Prock, Anton, aus: Reiseführer Tirol, Tyrolia-Verlag 2016 (S. 86, 90, 91, 97, 180, 181, 203); Schaubergwerk Kupferplatte, www.kupferplatte.at (S. 16); Stubaier Gletscher, www.stubaier-gletscher.com, Foto Schönherr, Andre (S. 124, 125, Umschlagseite hinten); Swarovski Kristallwelten (S. 100, Umschlagseite hinten)
Tirol Werbung, Foto: Groessinger, Michael (S. 77); Tirol Werbung, Foto: Aichner, Bernhard (S. 101, 104, 106, 135, 186, 202, 207, 219, 240, 243); Tirol Werbung, Foto: Bauer, Frank (S. 92, 93, 162, 163, 225, 245); Tirol Werbung, Foto: Johne, Katleen (S. 99); Tirol Werbung, Foto: Kathrein, Verena (S. 164, 165); Tirol Werbung, Foto: Mallaun, Josef (S. 213); Tirol Werbung, Foto Marshall, George (S. 134, Umschlagseite vorne); Tirol Werbung, Foto: Schwemberger, Christina (S. 61, 65); Tirol Werbung, Foto: Soulas, Oliver (S. 224); Tirol Werbung, Foto: Ulrich, Tanja (S. 242); Tirol Werbung, Foto: Webhofer, Mario (S. 114); Tirol Werbung, Foto: Wiedenhofer, Martina (S. 115); Tirol Werbung, Foto: Wytinck, Ruth (S. 146); Tiroler Landesmuseum, Foto: Haiden, Alexander (S. 151, 152, 153, 160); Triassicpark, www.triassic park.at (S. 26, 27, Umschlagseite vorne); TVB Hall-Wattens www.hallwattens.at (S. 103); TVB Innsbruck und seine Feriendörfer (S. 160); TVB Kufstein (S. 40); TVB St. Anton (S. 235); Wildpark Aurach (Umschlagseite vorne); Wikimedia, https://commons.wikimedia.org (S. 48, 49, 94, 108, 109, 133, 140, 167, 196, 198, 199, 220, 231, 235, 237, 247, Umschlagseite hinten); Zak, Heinz, aus: Karwendel, Tyrolia-Verlag 2014 (S. 85, 173, 175); Zucchelli, Christine, aus: Wege in die Vergangenheit in Tirol, Tyrolia-Verlag 2014 (S. 223)

Dank

Abschließend möchte ich mich bei drei Menschen herzlich bedanken: Bei meiner Partnerin, die großes Verständnis dafür gezeigt hat, dass ich fast ein Jahr lang jedes Wochenende irgendein Ausflugsziel anschauen „musste". Sie hat aber auch einige der Tipps in diesem Buch selbst ausgeklügelt. Weiters bei meiner Mutter, die mir auf etlichen Fahrten Gesellschaft geleistet hat – zu unserer beider Freude, wie ich denke. Und schließlich bei meiner Lektorin Anette Köhler vom Tyrolia-Verlag, die mich zu diesem Buch ermuntert hat.

Impressum

Alle Angaben in diesem Buch wurden sorgfältig recherchiert und erfolgen nach bestem Wissen und Gewissen des Autors. Sollten Sie trotzdem Unstimmigkeiten entdecken, nehmen Autor und Verlag gern Verbesserungsvorschläge und Korrekturhinweise entgegen. Die Benutzung dieses Führers geschieht auf eigenes Risiko. Eine Haftung für etwaige Unfälle und Schäden wird aus keinem Rechtsgrund übernommen.

Nachhaltige Produktion ist uns ein Anliegen; wir möchten die Belastung unserer Mitwelt so gering wie möglich halten. Über unsere Druckereien garantieren wir ein hohes Maß an Umweltverträglichkeit: Wir lassen ausschließlich auf FSC®-Papieren aus verantwortungsvollen Quellen drucken, verwenden Farben auf Pflanzenölbasis, Klebstoffe ohne Lösungsmittel und Drucklacke auf Wasserbasis. Wir produzieren in Österreich und im nahen europäischen Ausland, auf Produktionen in Fernost verzichten wir ganz.

2020
© Verlagsanstalt Tyrolia, Innsbruck
Die Herausgabe dieses Buches erfolgte mit Unterstützung der Tirol Werbung GmbH
sowie in Zusammenarbeit mit der Tiroler Tageszeitung.

Umschlaggestaltung, Layout und digitale Gestaltung: Tyrolia-Verlag, Innsbruck
Übersichtskarte/Umschlagklappe: © BEV KM250R 10.02.2020
Lithografie: Artilitho, Trento (I)
Druck und Bindung: FINIDR, Tschechien
ISBN 978-3-7022-3847-6
E-Mail: buchverlag@tyrolia.at
Internet: www.tyrolia-verlag.at

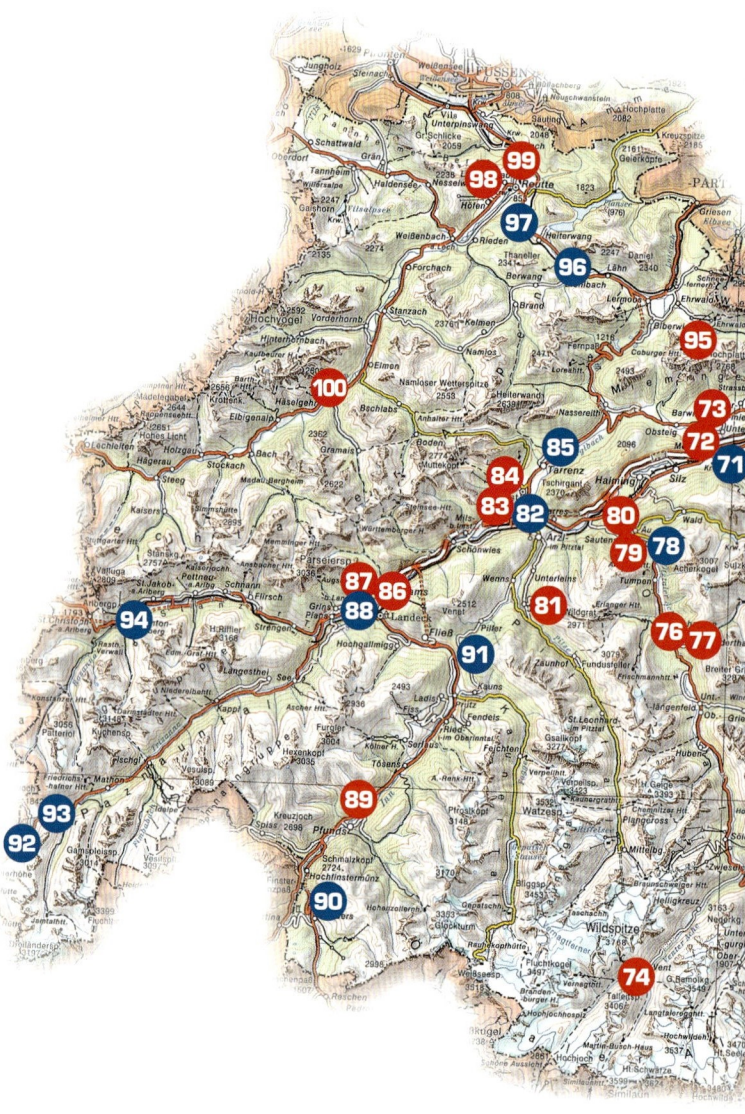